採訪者之眼

目擊台日近代關係史

張茂森 著
TIUNN BOSOM

關於本書

日本《產經新聞》外信部次長 矢板明夫

《採訪者之眼》本書作者張茂森到二〇一七年為止，是台灣發行量最大報紙《自由時報》駐東京的特派員，他在《自由時報》曾有一個名為「東京觀察」（早期名稱為「東京前線」）的著名專欄，寫了至少十年。

在這個專欄，他以獨自的觀點評論日本政治、經濟和社會的最新動態，有時候也對台灣和日本當局提出建言，台灣的知日派人士讀過之後深感「好像身處東京」，也非常喜歡他的專欄。二〇一七年四月在專欄上刊出的一篇〈蔡英文還在等什麼〉，在台灣和日本兩地引起了很大的話題。

在這篇文章中，他首先認為日本的安倍晉三首相不向中國壓力低頭，重視發展對台關係，並且評價安倍首相「是歷史上最親台的日本首相」，又提到「日本當然對台灣也有所期待，就是希望台灣能夠解除對東日本大地震災區的福島等五縣食品的進口禁令」。

同時他對於蔡英文政府擱置這個問題也提出批判指出，「如果經過科學方法的檢查證明未含有汙染物質，就應該早日解禁」，又說，「安倍內閣不會是永遠的，在台日關係如此緊密的時期，如果台灣需要日本的幫助，或者是台灣想要幫助日本，現在就應該馬上著手」。

這種觀察完全正確。但是，當時台灣在野的國民黨並不信任日本食品，斷定日本食品是「核食」，不斷透過媒體展開排除日本「核食」的運動。台灣的政治家或專家學者也不想觸及這個問題，在這種環境下，作者茂森兄勇敢地以具名的論文，呼籲對福島等日本災區的食品解禁，他的勇氣得到很多台日關係相關人士的喝采。

茂森兄後來轉到民視，也對日本食品的安全進行各種角度的檢視，做成電視專題報導，不斷呼籲台灣相關單位對福島等五縣食品解禁，他的努力其實也有一些成果，民進黨內部傾向同意解禁的人開始有增加的跡象。

我在十五年前認識茂森兄，正好是我從地方被調到《產經新聞》東京總社外信部（國際部）的時候。《產經新聞》和《自由時報》有類似姊妹關係的合作，發生重大新聞時，互相提供對方所需的照片素材，我當時是負責處理台灣相關新聞，因此提供《自由時報》照片也是我的工作之一。當時台灣的棒球選手在日本和美國非常活躍，因此需要很多相關照片。

讓我驚訝的是，只要打電話給茂森兄，他總是回答「馬上到」，一小時內絕對會在《產經新聞》總社看到他的身影。當時茂森兄已經是資歷近三十年的「老牌」記者，向來自己開車、很少搭電車的他，在事件發生時立刻趕到現場採訪、拍照，行動力並不輸於二十多歲的年輕記者。

二〇〇八年夏天派往日本赴任的新任駐日代表馮寄台，在華航機上「偶然」遇到茂森兄，茂森兄就大膽坐到馮代表旁的座位開始採訪，當然就因此得到一條獨家新聞。

在台灣的報社中，駐日記者都是菁英中的菁英，有的回到台灣高升，甚至做到社長。但是過了六十歲的茂森兄還在新聞工作的第一線守住採訪現場，他常常自稱是新聞界的「萬年二等兵」，並曾幾次謝絕來自台灣方面更好工作的「誘惑」，唯一的理由是「仍然想繼續在東京的記者工作」，像茂森兄這樣的日本通確實很少，就這樣締造了駐日四十年記者的空前大記錄。

「四十年都在第一線採訪戰場是最大的幸福」，這是茂森兄對迄今自己人生的評價，這段漫長的記者人生當然必須要整理到書中。

有歡笑，也有眼淚。從這本書中的字裡行間，我看到茂森兄對台灣和日本的愛情，我個人最感動的是，書中茂森兄寫到初抵日本時，其「日本的恩人的恩人正是台灣人」這個部分。

他寫到，剛到日本留學時，在租房子的時候，全力協助的日本房東二戰期間從軍，部隊被調動到台灣，遭逢美軍空襲不幸受傷而被送醫急救，台灣當地的護士輸血給他四次而救了他一命，這位日本房東因為自己身上流的血液是台灣人的血液，因此對他特別照顧，以為報恩之意。

後來茂森兄也以「悲歡離合總無常，救命之恩同再造」為題撰發新聞，代為尋找日本房東的救命恩人。

茂森兄不但用筆不斷促進台日關係，同時也企畫將昭和天皇在皇太子時代前往台灣視察時，親手種植的櫻樹、榕樹和瑞竹樹苗送返日本故鄉。為台日友好做義工，這或許是茂森兄對照顧他的日本人的一種報恩。

茂森兄在書中也強調中國的霸權和對台威脅，從東京遙望台灣，他認為，國際社會幾乎沒有注意到中國想要消滅台灣的意圖，台灣被逐出世界衛生組織（WTO），和台灣有邦交的國家也在中國的「銀彈外交」下，被迫和台灣斷交，對此，一般的日本人好像都不怎麼關心。

茂森兄在本書中，強調台灣目前的危機，台灣萬一被中國併吞，日本可能就是中國的下一個目標，由於這本書的日文版也同時間在日本出版，他同時提醒台灣讀者和日本讀者必須正視這個事實，這本書對台灣和日本的過去、現在，以及未來，提供了一個非常有價值的提示。

目次

第二章 台灣人眼中的日本

第三章　台日四十年近代史的目擊者

第四章 台日交流的現場40年

前言

二戰結束後，麥克阿瑟將軍因為得罪杜魯門總統而被解除聯軍最高統帥職務，回到美國，一九五一年四月十九日在國會發表演說時，最後感慨地說，「老兵不死，只是凋零」(Old soldiers never die, They only fade away.)。

從我一九七二年大學畢業以來，一直在第一線採訪新聞，從地方新聞到政治新聞；接著外派日本，在日本不但沒有特定採訪路線，而且單打獨鬥。基本上也就變成萬能記者，新聞採訪歲月總計超過四十五年，全部都在第一線現場；四十五年持續在第一線跑新聞的記者應該不多，其中除了在台灣的五年採訪工作，其餘四十年全在日本海外「戰場」作戰。大學同班同學有人做了報社的總編輯、副社長，有人在媒體做董事長，也有做過立法委員的，幾乎全退到「後方」當了指揮官。只剩下我一個人還在最前線打仗，如以軍隊形容，就是在前線打仗的二等兵，我就是標準的新聞界二等兵，而且是永遠在第一線採訪的萬年二等兵。

中學時代我立志要做記者，高中畢業後也真的考進國立台灣師範大學社會教育系新聞組（當時的師大社教系有新聞組、社會事業組、圖書館組）。我的理由很簡單，因為新聞記者的工作自由自在，還能路見不平拔刀相助，為別人討一點公道。也就這樣，這一生我從未在辦公室做過「朝九晚五」的工作，從年輕一路到老，只有新聞記者一條路，真的成為新聞界老兵。我肯定麥克阿瑟將軍說老兵不死，但並沒有凋零的感覺，因為我還想繼續在新聞採訪工作上一路幹下去。二〇一七年底我離開待了二十一年的《自由時報》駐日記者工作，可是退而不休，仍想繼續拚老命，從拿筆變成拿麥，轉到民視，仍然在日本。不知道這到底算好命還歹命，我始終覺得與其退休在家等待上帝召喚，不如像在沙場的士兵，戰到最後一口氣，這樣的人生應該更有價值、更有意義。

大學畢業後的五年間我曾待過《中國時報》，跑過台中港區的地方新聞，也跑過省政府和省議會，省政新聞是獨裁時代台灣的新聞重心。隨後在七九年到日本京都大學念了兩年書，從此留在日本，很幸運地短時間內接了《台灣日報》的第一號駐日特派員。當時的台灣還在戒嚴時期，《台灣日報》是軍方的「旁系」報紙，投資者是「黎明基金會」，為戒嚴令下的政府「宣導政令」是主要目的，當然也就要人有人，要錢有錢，花錢派一位駐日特派員也在所不惜。

《台灣日報》做了十四年後，台灣解除戒嚴令，各種自由發言的媒體如雨後春筍，《台灣日報》也就玩不下去，最終在九六年宣布停刊。這時我有兩個選擇，一是繼續留在日本，另一是搬回台灣再找頭路，這是我人生中初次失業危機。可是上帝並未拋棄我，當年十月，已是台灣第一大報的《自由時報》聘我為該報第一號駐日特派員，就這樣做了二十一年，直到二〇一七年年底轉換跑道到民視，也是他們的第一號駐日特派員。轉到電視新聞工作，面對嶄新的環境，電視台和報社的記者雖然都在採訪新聞，但表現的平台完全不同；對我來說，這應該是人生的最後挑戰，也是一個新的學習開始。

我一直以新聞界的「萬年二等兵」，一生在新聞工作的最前線作戰而自豪，也拿麥克阿瑟相比，以老兵自稱。其實說穿了可能是我的能力不夠，始終未被報社長官欣賞，當然就無法往上爬，因此只能乖乖做二等兵，甚至連一等兵也升不上去。但這正好也是我所夢寐以求的生活方式，正如前文所言，我喜歡自由自在的生活，討厭過著有人盯著我的「監視器」日子，更不想被鎖在辦公室。因此，不論我是一個真正有價值的新聞界老兵，或者是一個根本沒有能力往上爬的無能萬年地方記者，都是我所追求最理想的人生方式。

在駐日的四十年新聞採訪工作中，我從台日斷交以來的第一任駐日代表馬樹禮，一直看到目前的第十二任代表謝長廷；非常清楚哪位駐日代表為台灣做了什麼事，也清楚哪位代表只是來日本度假。另一方面，我也從日本的昭和，經過平成，進入目前的令和時代。在漫長的四十年歲月當中，我目睹日本發生許多重大事件，也親自前往現場採訪，如果我以「台日四十年現代史的目擊者」而自豪，這應該也不是自我「膨風」。

這其中，如果要舉出最讓我無法忘記的新聞，應該是二〇一一年三月十一日發生的日本東北大地震，李登輝前總統卸任後的二〇〇一年首次申請到日本做心臟手術，以及隔年首次全家赴日觀光，在日本所造成的旋風式大新聞。

李前總統卸任翌年的二〇〇一年，申請到日本做心臟支架手術，引起日本政界左右勢力的衝撞，保守派勢力認為李登輝已在前一年卸任，完全是一介平民，他要到日本做心臟手術，日本當然可以發給簽證，這也是人道問題，沒有理由反對。自由派勢力則認為發給簽證，將傷害到日中關係，所以就算是心臟手術，也拒絕李登輝到日本。這件事鬧了很長一段時間之後，終於由當時的森喜朗首相以政治判斷發給入國簽證，同時在李登輝訪日期間，給予國家元首級待遇，李登輝總統卸任後在二〇〇一年九月到訪日本，我認為另外一

李登輝前總統卸任首次到日本接受心臟手術，所到之處萬人空巷，日本也以國賓規格接待。

二〇〇一年剛卸任的李登輝總統在日中外交大戰中大獲全勝，到日本開刀，從關西機場抵大阪帝國飯店接受獻花。

種意義是，台灣和中國在日本的外交角力場外賽中，台灣顯然獲勝。

另一個讓全世界震撼的重大事件絕對是東日本大地震，幾百年甚至一千年才可能發生一次的世紀大事件，居然被我碰上。二〇一一年三月十一日下午兩點四十六分，發生在日本東北外海的大地震，讓我看到世界第一流的國家危機管理機制，日本國民所受到的教育何等完美。日本東北地區的災民為了領一瓶礦泉水井然有序耐心排隊兩小時，沒有暴動、搶劫，簡直不可思議。而台灣人民在震災後的第一時間內全國展開募款活動，兩百多億日圓的捐款對於受害金額近二十兆日圓（日本內閣府統計）的災區，也許只是杯水車薪，但是這代表台灣人民的一點心意，同時也是台灣人回報九二一地震時日本救援台灣的恩義。日本有「白鶴報恩」的故事，台灣也有「知恩圖報」諺語，「Give and Take」是人類共生的法則。

三一一大地震中，我所感受到的是，台日兩國人民已經由一種真正超越國境的感情連結在一起，這種情感的流露，完全出於自然，沒有任何人被迫。日本和台灣雖然沒有邦交，但是民間的來往無疑超過邦交國的水準，從台灣九二一地震日本人對台灣的義舉，以及之後在三一一地震中台灣人對日本的報恩，讓全世界的人體會到台日之間的友誼究竟處在何

戰時台灣少年工，闊別六十年終於拿到日本畢業證書興奮地三唱萬歲。

高座會的台灣少年工戰後等待六十年終於拿到日本的畢業證書，在高唱〈驪歌〉時悲喜交加感動落淚。

種水準。

我也目睹日本幾乎到了滿街都是鈔票的瘋狂泡沫經濟，這種幾近瘋狂的時代，我想這一生不可能再看到第二次。令人恐懼的奧姆沙林毒氣殺戮事件，我也奮勇採訪，同時在台灣出了一本《奧姆殺戮默示錄》的全記錄。九〇年代的開始，日本出現一對百歲的「搞笑」人瑞雙胞胎姊妹，連續幾年這對人瑞孿生姊妹幾乎壟斷所有電視熱門時段，沒想到我竟然是把當年日本最夯的人瑞孿生姊妹邀請到台灣訪問的「藏鏡人」。

戰前台灣少年工的感人故事我也必須在這裡一提。二戰末期的一九四三年到日本「內地」神奈川縣高座市海軍兵工廠半工半讀的所謂台灣少年工，大約有一千人於六十年後的二〇〇三年十月二日，在同一天再度回到日本參加高座會紀念大會。當年才十二、十三歲的台灣少年工，已經變成白髮蒼蒼的歐吉桑，他們在「高座會」六十週年紀念大會時回到高座市，為的是領一紙日本政府當年應該發給他們卻因為戰敗未發的畢業證書，有了這一張畢業證書，他們可以在自己的子孫面前拍胸膛說，「阿公嘛是中學畢業的。」為了這一份榮耀，所有人耐心等待六十年。

二〇〇三年十月二十日這一天的高座會六十週年紀念大會上，全體在齊唱〈驪歌〉（蛍の光）和〈青青校樹〉（仰げば尊し）時，皆在七十五歲上下的台灣少年工人人熱淚盈眶。當時台灣記者只有我在現場採訪，目睹這一幕，我簡直無法自己，也跟著一起掉淚。我看到日本厚生勞動省的官員唱出所有在場台灣少年工的名字，然後一一頒給他們六十年前的畢業證書，這些七十多歲的戰時少年工終於拿到遲來六十年的畢業證書，被叫到名字的人，有的擦拭不斷掉下的淚水，有的攤開雙手三唱萬歲，雖然我不是少年工，但是完全可以感受到少年工的心境，這是我在日本採訪四十年最感動，且不能忘懷的重要一幕。

台日之間的感人事件，除了台灣少年工，一九九九年九月二十一日的集集大地震，至今記憶猶新。九二一大地震發生後，在東京鬧區的新宿、澀谷等地的車站前，我看到有穿著西裝的年輕人、媽媽帶著小孩在大馬路旁，雙手捧著臨時做的捐款紙箱，聲嘶力竭高喊，「請大家一起救台灣！」、「合力協助重建台灣！」。日本救援隊最先進入台灣，甚至連俄羅斯的救援隊也想跟隨其後加入救災；只有口口聲聲說台灣是「同胞」的中國，要求俄國通過中國領空事先必須取得中國的同意，因而延誤了俄國馳援的時機，台灣人真的是中國人的「同胞」嗎？答案當然不是。

到大學畢業的七〇年代之前，我從未聽過八田與一或後藤新平的名字，當然不知道他們和台灣有什麼關係。此前所聽到，或是在學校歷史教科書中所學到有關日本的記述，對日本人不是用「倭寇」形容，就是以「日本鬼子」來醜化，提到日本也清一色使用近於「萬惡不赦」的字眼。直到李登輝當了台灣總統，把中學歷史教科書改成「認識台灣」，在台灣興建嘉南大圳救了台灣農業的八田與一才獲得「名譽恢復」，和後藤新平等一些對台灣近代化具有貢獻的日本人，終於獲得「平反」。

台日人民為什麼會那麼親近，有非常多的歷史因素，五十年的日治時代也是原因之一。台灣被日本統治五十年不是日本和台灣打仗打贏後占領台灣，而是日本和清國打仗贏了清國，清國以台灣是「鳥不語、花不香、男無情、女無義」的「化外之地」為由，將台灣拋棄給日本。日本統治台灣五十年，不是台灣人所願意的，自然也不值得美化，但是日本在台建設的經濟基礎使台灣後來經濟突飛猛進，是不可否認的事實。李登輝總統公平地對待歷史，是給後世的最大財產，台日民間的互信和友誼這般累積下來，同樣時常遭遇天然災害的台日兩國，也就自然地建立起緊急互相救援機制，九二一集集大地震和三一一東北大地震是最典型的例子。

在日本四十年的採訪工作與日常生活中，我遇過感動的、震撼的，也遇到恐怖的事；

日常生活也一樣，時而陷入人生的地獄，也時而從地獄回到天堂，在遇到困境時，危機總是很快解除。這或許和我的個性有關，放蕩不羈、獨來獨往、明天的事情明天才煩惱；雖然我處事的原則超級龜毛，這是朋友給我的評價，但我始終認為「船到橋頭自然直」是舉世名言，什麼事都順其自然，時間一到一定會順利解決。我是長老會基督教徒，深信上帝每天與我同在，也相信上帝不會遺棄我。對於所有失敗的事，我常常把它歸罪是自己笨頭笨腦，能力不足，但是最後常常心想事成，我會覺得這是上帝與我同在所致，只是我去教會的次數太少了，但願上帝原諒我就很感謝了。

無論如何，我在日本遇到許許多多的大小事件，新聞工作者也是歷史工作者，不論是令人感動、悲傷、震撼的，或者是關於台日兩國人民的友情，趁我還記得起來的時候，想把它全部記錄下來，分享給想要知道的朋友。萬一您很忙，沒關係，只要看「前言」和「結語」我就很感謝了。

第一章

台灣的危機等於日本的危機

台灣國家認同錯亂的危機與台日關係

從香港，看台灣與日本

二〇二〇年一月十一日，台灣即將舉行總統選舉，未來是繼續向獨立的道路挺進，還是像香港走那一條萬劫不復、所謂「一國兩制」的悲慘道路，將在這次大選中決定。台灣人民必須認識到，這次大選是決定台灣命運最重要的一次選舉，中國也以排山倒海的空前人力物力介入，企圖操控投票結果。與台灣最短距離只有一百公里的日本，更不應把這次可能決定台灣命運的選舉看做「隔壁人家的事」，有必要加以密切關心這次台灣總統選舉的動向，因為台灣的存亡將深刻影響到日本的安全。

目前台灣正處在一個極為險峻的國際情勢中，在中國圍堵之下，國際外交非但無法開展，反而陷入倒退嚕的險境。長久以來，台灣內部一直面臨人民對國家認同錯亂的危機，外部則要抵抗中國空前無孔不入的滲透；舉凡傳播媒體、宗教團體、民間社團，無不在中國大量金錢攻勢之下相繼「失守」。甚至政府部門也發現對中國提供情報的「抓耙仔」臥底，黑道組織也是收編對象，政府的對應太過樂觀，任何錯誤對應，都可能讓台灣墜入萬劫不復的命運。

看看最近的香港人民，明知道要面對警察暴力的無情襲擊，也連續數個月幾乎每週勇敢走上街頭，為的只是想維持香港長年的法治社會。回頭看看已經充分擁有自由、民主、法治的台灣，居然還有人拚命鼓吹向中國靠攏，真的是匪夷所思。

香港人和台灣人不同的是，香港人被問到「你是什麼人」時，大部分的人都說自己是「香港人」，只有少數人認為自己是「中國人」，很少聽到香港人說「我是香港人，也是中國人」。台灣人面對相同問題時，雖然從李登輝執政推動台灣認同以後，回答自己是「台灣人」的比例有增加趨勢，但還是有不少人仍認為自己「是台灣人也是中國人」。香港人比台灣人勇敢多了，因為香港人對香港有強烈的認同感，才能堅強團結走上街頭對抗中國強權，台灣人對台灣，也必須要有香港人對香港那麼堅定的認同感，才有對抗中國的籌碼。

香港人示範「一國兩制」

一九九七年中國對回歸的香港人民所承諾的「一國兩制」，現已證明只是一場大騙局，這次香港人已經非常清楚告訴台灣人，什麼叫做「一國兩制」。連續幾個月的示威遊行，台灣人應該看得非常清楚。「一國兩制」的最終目的就是併吞台灣，中國獨裁者發明的「一國兩制」，就是把台灣人送進虎口的陷阱，今天的香港不就是如此悲慘嗎？

二〇一九年八月，日本產經新聞專訪「全日本台灣連合會」會長趙中正後如此報導，「今天的香港，就是明天的台灣，也是後天的沖繩」，連日本都擔心台灣一旦不保，台灣海峽將成為中國的內海，不但日本的海上航路受到重大影響，台灣也將成為中國勢力穿過第一島鏈進出太平洋的突破口。而與台灣最短距離只有一百公里的沖繩列島海域，也將立即變成中國艦隊的後廚，能每天自由進出。萬一出現這種狀況，對日本將是一場惡夢，駐沖繩的美軍可能被迫退守到關島，美國在太平洋勢力也勢必全面後退，因此美國不可能會坐視中國的霸權擴張。從這個觀點，台灣危機也等於是日本和美國的危機；國際關係極為薄弱的台灣，就算身段放低一點，也必須和日美保持最良好的關係，其重要性不言可喻。

台灣目前面對的危機一波又一波升高，最基本關鍵當然在於國家認同的錯亂，美國人的祖國是美國，日本人的祖國是日本，這種簡單明瞭的道理，台灣內部卻出現認同錯亂。兩千三百五十萬台灣人當然必須把台灣當成自己的祖國，可是就是有人認為中國才是他的祖國，萬一台灣和中國發生軍事衝突，這些以中國為祖國的台灣住民當然會幫助中國，這是很清楚的。

民主化以後的台灣和中國的交流雖然變得頻繁，但是中國到現在仍然抱著「台灣是中國的一部分」的幻想，永不放棄用武力併吞台灣，那不就是台灣的敵國嗎？台灣的住民居然有人效忠敵國，這當然是台灣的國家危機。

過去美國在與阿富汗的塔利班作戰時，美軍曾抓到一名塔利班士兵，最後查出這人竟然是美國人，後來被送回美國國內判罪。二〇一五年也有一名英國女性成為伊斯蘭國的戰士，遭英國當局查獲，二〇一九年五月被撤銷國籍。日本北海道的一名男性只是被懷疑可能是伊斯蘭國的戰士，就要面對日本警方最嚴厲的查問，英國、美國、日本都是高度自由民主的國家，但也容不下吃裡扒外背叛國家的國民，台灣政府實在太寬宏大量。

台灣到處可見中國五星旗，統一了嗎？

目前在台灣享受自由民主的「台籍中國人」每天鼓吹「承認九二共識」、「接受一國兩制」，到處高舉中國五星旗在街上揮舞，甚至在街上秀拳頭。以前只有在台北一〇一周邊可以看得到五星旗，因為政府放任不管，演變到現在從台灣頭到台灣尾，到處都有五星旗，看起來台灣和中國好像已經統一。

政府一直以台灣是自由民主國家，容許有各種言論與表現的自由，如果因為這樣就可以容許企圖併吞台灣的中國五星旗到處開花，那就是說也可以容許人民解放軍到台灣的街上行進嗎？因為「台灣是自由民主國家」！這只是台灣主政當局拿來為其不作為正當化的一個理由罷了，對於在台領高額退休金的退將，公然到對岸大唱中國國歌的處分，也非常消極而被動，這些都是因為對國家認同錯亂，所產生的嚴重後遺症。

最令台灣人不解的是，大小城市都有大量以中國地名命名的街道，上海路、南京路、重慶路、山西路、洛陽路、西藏路，幾乎囊括連中國人也不知道的中國各省地名，除中國的地名，台灣沒有文字可以為道路取名嗎？如果向相關單位提問，官方有一套回應的

SOP是，「改路名會造成很大混亂」，這完全是推拖之辭，誰都會連想到這可能也是「阿共的陰謀」，台中市以前的中港路，不就順利改成「台灣大道」嗎？也沒有造成混亂，關鍵不是會不會造成混亂，而是想不想改，這如果不是主其事公務員「多一事不如少一事」的心態，就是政府當局根本沒有要讓台灣更加台灣化的決心，更沒有想要清除「共匪意識」。

在中國尚未開放人民出國觀光的時代，英國警察曾抓到幾名偷渡入境的中國人，警察問這些偷渡客是哪裡人，他們回答「台灣人」。於是英國警察就將這幾個人移送到台灣駐英代表處，駐英代表處的職員覺得奇怪，要求這幾個偷渡客詳細寫下住在台灣的什麼地方，什麼市鎮，結果沒有一個人能回答，最後這幾個人才乖乖地承認自己是中國人。

連中國人都想要做台灣人，反而台灣人說自己是中國人，這其實也是一種身分的「詐騙」。過去在國民黨一黨專政的獨裁時期中，教小朋友要做「堂堂正正的中國人」，民主化之後，包括我在內，很多以前誤以為自己是中國人的台灣人，才知道原來自己是正港台灣人，和中國人毫不相干。尤其是新一代的台灣人，不論出身是台灣或中國，都認為自己就是台灣人，最可惡的是馬英九前總統，他們一家大小大都歸化成美國人，根本不想做中國人，卻硬要台灣人說「我們都是中國人」，有什麼事情比這個更讓人忍無可忍的?!

台灣處理對日關係的新危機

除了內部對國家認同的錯亂，以及中國全面壓縮國際空間，國內高層對日本關係的冷處理，也是台灣的另一個新危機。在國際空間不斷縮小的情況下，台灣只有加強對美日的關係，才是台灣的保命符，可是蔡英文政府交出來的考卷只有五十分，看起來台灣好像只在乎美國，而不大愛鳥日本。儘管很多台日政治家都一直在說，台日的關係是「台日命運共同體」，事實上也的確如此，但是蔡英文政府有一些作為確實讓日本失望，很單純的一個理由，就是一開始時台灣就沒有或不想認真處理福島食品問題，而讓這個問題被國民黨政治化、複雜化，用來打擊民進黨，這是日本政、經、媒體各界的普遍看法。

最近幾年來，特別是安倍首相執政期間，台日關係處在非常良好的狀態，台灣人民在日本的三一一大地震中對日本災區捐出超過兩百億日圓的善款，只是雙方更加接近的理由之一。從安倍首相的外公岸信介前首相、外叔公佐藤榮作前首相，到他的父親安倍晉太郎前外相，一直到目前的安倍首相本人，整個安倍家族對台灣的友善是全日本公認。

二〇一三年三月十四日，安倍首相在他的「臉書」上，再次強調對台灣在日本三一一地震的義舉表示感謝，這則發文在三小時內吸引超過三萬名網友按「讚」，四千多人轉貼，超過一千八百人留言肯定。

二〇一五年七月二十三日，安倍首相親自到當時正在東京訪問的李登輝前總統所下榻的「東京首相東急飯店」拜訪，這是台日斷交以來，第一位有魄力敢在日本公開會見一直被中國點名為「台獨份子」的首相，同一年底到東京訪問的蔡英文總統候選人，也在東京與安倍首相見面。

二〇一五年七月二十九日，安倍首相在參議院針對「在與東協（ASEAN）各國展開安保合作時，如何對待台灣」的議員質詢時，所做答覆是，「我國與台灣共有民主自由基本價值觀，台灣是我國的重要夥伴，也是重要的友人」，他同時也點名中國說，日本的安保法必須「遏阻中國的擴張主義」，讓中國知道「想用武力改變現狀是不

二〇一八年八月十五日安倍首相為台灣加油。

可能的」，台日斷交以來，首次在國會公開說「台灣是日本的重要夥伴」的首相，安倍晉三是第一人。

二〇一八年花蓮發生大地震，安倍首相甚至親筆書寫「台灣加油」四個字表達慰問、加油鼓勵，同時也不忘再度感謝台灣在三一一地震中對日本的恩義，整個過程在YouTube流傳，又得到了大量的「讚」。

安倍晉三目前已是戰後日本任期最長的首相，這個安定政權對台灣有非常重要的意義，安倍內閣對台灣政府最大期待的是，能早日解除對福島等五縣災區食品的禁運令。但由於蔡英文總統的優柔寡斷，讓福島食品進口問題被國民黨政治化，讓本來容易處理的小問題變成幾乎無法處理的大問題。

國民黨以公投擋福島食品

二〇一八年十一月二十四日台灣舉行九合一地方選舉，民進黨面對選民最嚴厲的審判，嘗到史上最大的敗仗。那次，同時也舉行超過十個議題的公民投票，其中有兩項最受注目，一是同性結婚的可否，另一是福島等五縣的震災地區食品可否開放進口，結果這兩項都遭到否決。

根據公投法「主管機關公告公投結果起兩年內，不得就同一事項重新提出」的規定，同性結婚與福島食品都遭到否決，則該項議題在兩年內不得再提出討論；換句話說，台灣的同性結婚和日本福島等五縣食品是否開放的議題，兩年內都沒有翻身機會。但是蔡英文政府敗選後，還來不及反省與檢討敗因，就非常積極繼續推動同性結婚的合法化，隨後在今年五月正式通過同婚特別法案，台灣也因此成為亞洲第一個承認同性結婚的國家，另一方面，對於日本期待台灣解除對福島等五縣震災區食品的管制則擺在一邊，八風吹不動。

同婚合法化只是滿足不到人口百分之五同婚傾向者的需求，在下次選舉中，這些最大百分之五的 LGBT 有可能將選票投給民進黨。不可否認的，支持民進黨的選民因為民進黨政府推動同性結婚合法化，而在去年選舉中轉而投給反對同婚合法的黨派，或投棄權票的人也大有人在，這種選民其實遠超過百分之五，這也是民進黨慘敗的原因之一；也就是說，民進黨為了討好百分之五的 LGBT 支持者，而損失了百分之九十五的非支持反對者，民進黨的算數是，為了賺一百塊寧可損失一千塊。

同婚遭公投否決後，民進黨政府顧不得遭否決的公投議題兩年內不得再議，積極讓同性婚姻特別法在立法院快速通過，民進黨的想法是，台灣因此成為亞洲第一個同性結婚合法的國家。台灣成為亞洲第一個正式承認同性婚的國家，並不是最重要的議題，目前台灣最需要的是徹底改革司法的腐敗、落實轉型正義、實現軍公教勞的公平報酬，或是讓台灣有世界第一水準的交通秩序、世界第一乾淨的市街，或是世界第一的社會道德。

同性戀當然也有享受和異性戀相同權利的資格，這也是民進黨積極立法的理由，同時民進黨政府可能也不一定是單純想以爭取同性戀的選票為考量，問題是，「亞洲第一個承認同性婚的國家」，和「亞洲司法最公正的國家」，或「交通秩序世界第一的國家」相比，哪一個對台灣重要？答案非常明確，台灣最需要的是什麼？其優先順序是怎樣？民進黨政府好像不是很介意。

福島食品問題影響台日互信

同樣在公投被否決的日本福島等五縣食品議題與同婚合法化議題，卻有不同命運，這無疑讓日本政府大失所望，因為福島等五縣食品的解禁是日本對台唯一期待。從另一個角度來看，這是國家與國家之間的問題，高度影響到台日之間的互信。

民進黨的許多高層幹部，包括駐日代表謝長廷在內，都知道日本福島等五縣食品是否解禁將大大影響台日關係，但是政府相關部門幾乎都提出相同理由，「因為台灣過去發生過許多重大食安問題」，所以不得不慎重行事。換句話說，政府是擔心福島食品會傷害到台灣人民的健康，這種說法聽起來非常冠冕堂皇，其實和國民黨說法沒兩樣。

如果政府是真的是在為人民健康著想，怕人民吃到有害的食品，那就應該立即禁止每年近五百萬人次的觀光客到日本旅遊。因為到日本旅遊的觀光客有絕大部分的人都會到迪士尼樂園，迪士尼樂園所在地剛好是震災區的千葉縣浦安市；而千葉縣產的食品也是台灣禁止的對象之一，台灣不應該一方面嚴格管控包括千葉縣在內的福島五縣災區的所謂「核食」，一方面又放任五百萬觀光客到千葉縣大吃「核食」，這種不通的邏輯能說服台灣人民和日本政府嗎？

事實上，以地區為基準管制有害食品的進口，非常有問題。例如，除了福島、栃木、茨城、群馬、千葉等五縣外生產的日本食品目前可以進口，但是這五縣之外製造的食品原料非常有可能來自福島五縣，所以福島等五縣以外製造的食品是安全的嗎？反過來說，福島等五縣產的食品，其原料也有可能來自台灣認為是安全的非震災區，而這種食品就有危險嗎？

食品的安全管制必須以科學方法認定

理論上，食品的安全與否不能單純以地區判斷，不能因為福島等五縣的食品曾被檢出輻射等有害物質，就永遠排除這五縣產的食品。含有輻射等有害物質的食品，有可能來自任何地方，例如經常搭乘飛機的旅客也會被測到輻射物質，到醫院照射X光，也會有染到輻射物質的風險。除了輻射，其他有害物質都可附著在食品或人體，因此最可靠而安全的做法，就是用科學方法檢測所有食品是否含有有害物質，而不是只針對來自特定地方的食品加以限制或禁止。

任何人都知道，台灣禁止日本福島等五縣食品進口其實不是食安問題，而是政治問題，民進黨政府當然也非常清楚，可是政府高層卻不想或不敢以政治手段解決這個被製造出來的政治問題，而讓這個問題稀釋空前良好的台日關係，中國政府或是台灣內部親中集團，最擔心的不就是台日關係越來越近嗎？阻止福島等五縣食品進入台灣，正好是離間台日關係的最好機會。

對人體健康的風險「低於十萬分之一」

福島等五縣食品事實上在台灣的科學檢測中，並未被發現足以造成威脅人體健康的超標有害物質。

二〇一九年衛福部食品藥物管理署曾針對福島等五縣食品是否對人體有害的問題，在官方網站上公布一項「核災區食品人體健康風險評估」和「赴日取樣檢驗報告」，討論開放福島等核災區食品有無健康風險，學者專家的最後結論是「風險低於十萬分之一」。

此項「受核事故影響食品之人體健康風險評估」的報告是由慈濟大學、台大醫院和台大公衛學院共同研究，以日本政府檢驗該國食品共五十四萬多份檢驗結果為資料基礎，對台灣開放日本食品全面進口，評估對人民的健康可能造成的危害。

報告指出，即使全面開放所有日本食品進口，九十七．五％以上台灣人可能受到的額外輻射暴露，大約在千分之一至萬分之一毫西弗，世界各種研究文獻指出，全球日常生活的平均背景輻射已達二．四毫西弗，因此食品中的輻射「完全可以忽略」。結論是，若自日本進口全國的所有食品、並忽略除汙與放射核種的自然衰變、汙染程度都不會改變的情況下，「一生可能因食品致癌的健康風險，不會高過十萬分之一」，也就是說開放福島等五縣產的食品是安全的。

這項研究的主持人慈濟大學副教授謝婉華也表示，根據所有已知資料來看，開放日本食品而可能有的輻射、健康風險「低到可以忽略」（二〇一九年八月三日《自由時報》）。

台日良好關係遭受傷害

台灣自二〇一一年東日本大地震與核災發生後，禁止福島等五縣生產的所有食品進口，儘管在超過十萬件的科學檢驗中都未發現有超標的有害物質，也未予解禁。公投最後反對解禁，使福島等五縣食品的進口更加困難，造成台日貿易上的緊張關係；這種結果簡單說，就是蔡英文政府在這個食品問題在剛開始還處於容易解決時，沒有真正用心想辦法解決，被反對黨操作為政治問題後，更加無法解決。這是蔡總統作為一國領袖，沒有堅定的果斷力與執行力所造成的後果，同時也傷害到台日空前未有的良好關係，並傷害兩國人民長久以來的互信關係。

衛福部食藥署的這一份報告早在公投前的二〇一七年已經完成，卻被壓了一年才公布，這令人聯想衛福部內部是否有人配合反對黨故意阻止福島五縣食品進口，用以離間台日關係？這種懷疑也很合理，對此，食藥署食品組曾提出說明指出，在報告完成而且走完相關行政手續時，已快接近公投時間，因為怕影響行政中立才延遲公開。這種說法太牽強，問題的關鍵是，這項報告是否正確？如果正確，政府的立場就有責任讓人民知道，就算是在公投前一天也應公開，至於是否影響公投結果，那是另外一件事。

根據最暢銷的《自由時報》在二〇一九年八月三日報導，食藥署去年底也首次委託台大研究團隊赴日採樣核災區食品檢驗，對三〇一個高風險食品檢體採樣，結果也都「通通合格」，符合台灣食品輻射檢驗標準。從各種相關報告與安全採樣，福島等核災區的食品對人體健康的威脅不但「低到可以忽略」，而且這些食品在政府委託專家團隊的輻射檢驗之後，也「通通合格」，對福島等五縣食品的解禁，除了專家的報告認為沒有問題，台灣相關當局的檢測也沒有發現問題。最重要的一點是，日本市場是否有在流通，以我在日本四十年的採訪經驗，日本政府不可能毀掉國家名譽而將自己不敢吃的東西賣到國外。

觀看台灣處理福島等五縣食品的態度，可以合理懷疑台灣領導認為承認同性結婚的重要性高於開放福島等五縣食品進口，也就是說，台日關係的重要性在同性結婚的合法化之下，這種思考如何建立台日關係？東日本大地震，台灣人民釋出最大善意，慷慨捐出超過日幣兩百億圓，目的是要幫助災區早日重新站起來，同時也是象徵台日間堅固的友誼。安倍首相與人民也再三表示感謝之意，而福島等幾個受災縣，在善後完畢，目前積極想早日自立推銷自己的產品，沒想到障礙居然是來自全球捐最多善款給他們的台灣，日本災區的民眾情何以堪，台灣一方面送錢，但一方面又禁止災區食品進口，這不是很矛盾嗎？捐款給災區又有什麼意義？台灣被看成「重美輕日」，也是無可厚非。

福島食品問題影響台灣參與CPTPP

台灣每年都會大陣仗組團參加日本的國際食品展，由於參展面積不但大，展出的食品內容也獲相當好評；帶團的政府高官，常會在食品展開幕記者會上要求日本開放更多品項的台灣水果食品進口，同時也有呼籲日本和台灣開啟FTA談判。我曾對台灣來的高官提問，台灣在找不到福島等五縣食品含有危害人體健康的物質，還是拒絕開放進口，反而要日本開放更多的台灣食品，或者要和日本談FTA，也要日本支持台灣加入CPTPP，這有可能嗎？一起到日本參加國際食品展的政府官員，大都不想回答，勉強回答的也是「正在評估中」的老八股，看起來就有「能混就混」的心態，至於影響台日關係的部分，那就「根本和我無關」的感覺。

此事具體影響台日關係，就如前日本外相河野太郎（現任防衛相）曾公開說，「台灣參加CPTPP」的可能性非常低。

太平洋小島國索羅門和吉里巴斯在中國利誘之下陸續對台斷交，蔡英文政府說，只是有一定程度影響，台灣將加強與美日等非邦交國的務實外交，如果這是說真的，那就趕快解禁福島等五縣食品，這是對日務實外交的突破口，否則不就是空口說白話自我安慰嗎？

日本平成大學非常熟悉台灣問題的國際關係學教授淺野和生說，二〇一六年以來的日台關係沒什麼大問題，但是也沒什麼進展，可見福島問題的確「成了一個日台關係前進的剎車器」，日本朝野都期待台灣早日解除對福島五縣食品的禁令，以免台日關係的障礙更加擴大，例如他也非常擔憂日本學者專家正在積極推動的〈日台交流基本法〉的前途將更加黯淡。

〈日台交流基本法〉對台日關係的重要性

中國霸權不但對台灣、對日本，以及對其周邊的東南亞國家等國際社會的和平與人權都構成嚴重威脅。面對中國威脅，台灣雖然首當其衝，但是可以阻止中國擴張的國家，扮演重要角色的其實也是台灣。台灣所處的戰略地理位置極為重要，自由民主台灣的存在，對亞太地區，特別是對日本的安全不可或缺，在這種情況下，非常遺憾的是，每年合計接近七百萬人次來往的雙邊關係，居然沒有任何法律保障，此為台日學者長年不斷呼籲日本制定一個規定台日關係的法律之由來。

二〇一三年日本「李登輝之友會」曾正式對外發表制定〈日台關係基本法〉的政策建言，日本政界與各方對此法案的制定也有所動作，二〇一五年日本平成大學國際關係學教授淺野和生曾經試寫〈日台關係基本法〉而受到注目。

蔡英文總統在二〇一九年三月接受日本《產經新聞》專訪時，曾經表示期待日本能克服法律上的障礙，「早日進行雙方實務性的安全保障對話」，顯示日台保障對話與以法律保障日台關係具有急切的必要性。對此，日本的「日美台安保研究會」針對日美台安保體制的議題，在二〇一九年五月二十九日舉行的日美台國際研討會中提出一份的〈日台交流關係法〉草案，基本內容與二〇一五年淺野和生教授提出的〈日台關係基本法〉大致相同，但是因為考慮到能讓日本國會更容易接受，把名稱改成比較不會被抓到「辮子」的〈日台交流基本法〉（全文參見附錄）。

一九七〇年代美國從越戰撤退，在東西冷戰中把封鎖蘇聯作為最主要工作，對蘇聯大打「中國牌」，之後，日本和美國陸續和中華民國（台灣）斷交。和日本不同的是，美國在一九七九年和台灣斷交的同時，制定〈台灣關係法〉，此為美國用以保障台灣不被武力併吞的國內法。七二年和台灣斷交的日本，在與中國的談判中唯一對台灣有利的是，針對中國要求日本承認「台灣是中華人民共和國不可分的領土的一部分」的主張，日本並未直接承認，只是止於「理解和尊重」，也就是說，對中國的主張，日本是不承認的。

除了沒有直接承認「台灣是中國的一部分」一項，台日關係並未受到任何法律保障，雙方關係完全依賴民間的互信，和過去雙方的既有人脈推進。倒楣碰到親中內閣時，台灣只能吃點剩飯，運氣好的時候碰到親台內閣如安倍首相，台灣就有機會吃點魚肉，就好像農民種田，自己想要雨水不一定就會有雨水，只能靠上天保佑。

與此相較，美國川普總統剛當選不久，在媽祖都還來不及託夢給蔡英文時，就先打個電話給她，這讓全世界尤其是中國的習近平跌破眼鏡，蔡英文做夢也不可能想到川普總統會有這一招，讓她長考了兩個星期後才接川普總統的電話。二〇一七年十二月，川普政府發表「國家安全保障戰略」，公開點名中國進出南海是重大威脅，也明載支持台灣的重要性。二〇一八年三月，川普總統在參眾兩院全體通過的〈台灣旅行法〉（Taiwan Travel Act）上署名，讓美台高層官員可以因此互相訪問進行交流，之後又通過〈二〇一八國防授權法〉（2018 National Defense Authorization Act），也承認對台出售武器，以及容許美台的聯合軍演。二〇一八年十二月三十一日，川普總統進一步在國會參眾兩院通過的〈二〇一八亞洲再保證倡議法〉（2018 Asia, Reassurance Initiative Act）署名，今年五月也通過〈二〇一九台灣保證法案〉（2019 Taiwan Assurance Act）和〈重新確認美國對台及對執行台灣關係法承諾〉（H. Res. 273 Reaffirming the United State commitment to Taiwan and to the implementation of the Taiwan Relations Act），這些法案除了再度確認對台灣供給武器，同時要求積極執行〈台灣旅行法〉。多位國會議員也發函給眾院議長裴洛西（Nancy Patricia Pelosi）邀蔡英文到國會發表演講，儘管兩大黨在政策上對立，但是在支持台灣的議題上則有共識。

只有加強支持台灣才有機會遏阻中國霸權

川普總統也將過去雷根總統對台灣的六大項口頭保證，變成書面保證，二〇一八年十月四日副總統彭斯（Mike Pence）也在華盛頓智庫哈德遜研究所發表演講力挺台灣、痛批中國，無論國會、川普總統，無論民主黨或共和黨，完全一致認識到中國的威脅，而共同挺台灣，此為台美斷交以來的壯舉。直到目前的美中貿易大戰，清楚證明過去美國對中大量投資或提供先端技術，期待中國能進行和平演變的政策錯誤，要彌補這種錯誤，遏阻歷史上最邪惡的獨裁中國，只有加強力道支持台灣。

目前台日之間雖有簽署了若干議題的備忘錄，例如一〇年的〈加強台日雙方交流與合作備忘錄〉、一一年的〈開放天空協定〉、一六年的〈日台防災合作備忘錄〉，還有其他相關漁業、出入境管理、關稅、海難救助等多項文件。但沒有一項類似美國的〈台灣關係法〉，直接規定保障台日雙方關係，例如，在台灣海峽或東海萬一發生軍事衝突，日美台如何採取軍事或外交上的合作，作為日本的國內法〈日台交流基本法〉的制定，對台日兩國，以及這個地域的安保何其重要。

台日兩國唇齒相依，不僅在歷史上是相當特殊的關係，在地理與文化上也有無法切割的關係，安全保障面上更是息息相關；每年將近七百億美元的貿易，以及即將突破七百萬人次的往來，在兩國每年各自舉行的民調中，都是雙方排行第一互相喜愛的國家，怎麼看都不像是沒有外交關係的兩個國家。為了確保雙方的長遠交流，兩國的政治家，有必要認真共同思考一個穩固而且強固的保障機制，台灣不能只要求日美或其他國家為台灣做什麼事，也有必要回應其他國家的需求，互惠原則才是彼此利益的保障。

戒嚴前後的媒體記者生態

台灣版「蓋世太保」

我在台灣師範大學念的是社會教育系新聞組（另外兩組分別是社會業組和圖書館組），等於新聞系。一九七二年畢業後立即成為《中國時報》的地方記者，首次駐地是正在興建的台中港區，那時只有《中國時報》和《聯合報》是被蔣家國民黨獨裁政府「保護」的報紙，也是台灣唯二的兩家大報。在戒嚴時期，國民黨的一黨獨裁政府實施「報禁」，禁止新報紙或其他新媒體的登記，簡單說，這兩家「大報」就是蔣介石父子獨裁政權庇蔭下的「御用」報紙。

當時有一個稱為「警備總部」的恐怖組織，這個組織就是蔣家班的特務組織，類似於希特勒「蓋世太保」（德語：Geheime Staatspolizei，縮寫成GESTAPO）的秘密警察組織。在白色恐怖時期所做的恐怖行為讓所有台灣人喪膽，只要對蔣政權有絲毫批評就立即「被失蹤」，對新聞媒體來說也是大剋星，警備總部的「太保」會每天仔細檢查報紙的每條新聞，查核是否有在批評政府，或是在罵蔣介石或蔣經國。和如今的中國完全一樣，沒有任何言論自由，登出來的新聞一有問題，警總馬上會有警告的紅單子送到編輯部，第一次是警告，情形嚴重的就沒有第二次，寫稿的記者也有可能被失蹤。

在這種恐怖社會下的記者工作也很危險，兩年後，我被調往台中，專職位於南投的省政府採訪，這時開始想到日本留學，遠離這個被獨裁國民黨控制下的恐怖地方。可是沒想到，當時獨裁國民黨政府的「太保」也藏在日本各角落監控所有反政府的言論，台灣駐日記者也有一些人是獨裁國民黨眼線。

八二年我開始在東京為《台灣日報》撰發新聞，當時台灣媒體駐日記者的陣容非常大，到八八年底李登輝接任總統著手民主化為止，一直都維持至少十八名駐日記者，其中有人真正的職業是在國民黨陸工會（大陸工作會）工作，有的是在為調查局工作，有的為國防部情報局工作，也有為國民黨黨部工作的，甚至有為「入出境管理局」工作的。但名義上全部都是「〇〇報駐日記者」，目的是在暗中監視記者中有沒有「反動份子」。

戒嚴時期的出入境管理局專門監控台灣人

「出入境管理局」(簡稱境管局)，民主化後已改為「移民局」，照理說，這個單位就像日本的入國管理局，是在管制是否有壞人入境日本搞破壞，而不是在管日本人。但是戒嚴時期的境管局表面上在審查外國人進出台灣是否合法，其實是在管自己人，監控是否有國外的「台獨份子」潛入。境管局管理層的大小官多半由警備總部的人出任，在那個時代，如果在國外論文或新聞上表達對政府不滿，回國時到了機場要通過海關前的護照審查時，就有人會叫你「靠邊站」，然後帶你到另外一間小房間「聊天」，詢問最近的生活狀況、交友狀況，情節輕的就訓你一頓之後放行，情節「重大」的也許扣留幾天，甚至把你放到一個沒有窗戶永不見天日的房間。這是我一位民主化後做過民進黨立法委員的親戚，在戒嚴時期親自體會過的場景，他好幾次都在機場被「靠邊站」。

民主化之前的台灣駐日記者，只要能多寫幾篇歌功頌德國民黨的文章，或替駐日代表代寫幾篇讓國民黨高層龍心大悅的報導，立即可以升為報社社長，幾個月之後又可以升國家通信社(那時是國民黨的通訊社)社長，這種情形和你是天才還是白癡無關，如果不信邪硬要挑政府毛病，那就只好乖乖做一輩子的萬年小記者。

戒嚴時期的台灣記者在遠比目前的北韓、中國還嚴厲的管控之下，所謂的一流的記者就是一流的馬屁精，很多記者因此而吃香喝辣。解嚴後台灣變成民主自由國家，情況正好相反，一流的馬屁精一定變成不入流的記者，越揭發政府的不正或是社會的不公，將其公諸於世，就越有人看得起你。

從獨裁時代進入民主時代，駐日記者的人數，由十八人剩下到目前不到四分之一，原因之一是景氣不再是李登輝總統執政初期的「經濟奇蹟」。但是最大原因是過去那些「職業」記者是拿特務機關的「公費」，民主國家不可能容得下「職業」記者，也沒有「公費」可以享用，所以記者的人數大減。台灣記者逐漸邁向日本等正常國家記者的水準，但是和日本記者比較，這不是誰好誰不好的問題，而是在寫稿或對新聞的處理態度還是有差別的。

以社會新聞為例，日本警察不可能故意讓記者有機會拍犯人，但是有一部分台灣警察順應比較熟或所謂的大牌的記者要求，希望能拍更清楚一點，甚至會帶犯人重走一次，讓沒拍好的記者再拍一次。警察給記者的這種「服務」，對日本記者來說是天方夜譚，台灣記者甚至可以到殺人事件現場近拍特寫照片，破壞現場也沒關係，我沒聽說過日本記者可以這樣做。台灣記者還能直搗醫院拍車禍傷患，這也是日本記者無法想像的，因為日本醫院根本不會允許記者到院內拍照。

電視「名嘴」精懂天文地理無所不通

日本電視的談話性節目，話題包羅萬象非常廣泛，每個議題都有各領域的評論員；經濟議題找經濟學者，安保議題則交由安保專家評論，天文的話題又是另外一組人。可是在台灣電視上評論的所謂「名嘴」，看來看去大都是同一群人，而且上至天文，下至地理，無論是氣象、社會、政治、國防、經濟問題等等，同一位「名嘴」可以全部包辦，簡直是萬能博士。對電視台來說，不必一直更換評論人，一直灑錢；「名嘴」評論時不但激動，動作也非常之大，像這種「名嘴」，只有台灣才有。儘管教育發達、科技進步的日本，也很難培養出這種人才！

不管報紙或電視，台灣媒體另一個特色是，非常喜歡報導一些怪力亂神的故事。現在已是二十一世紀，可是媒體仍然離不開民智未開的社會，喜歡灌輸一些聽來像是古代社會才有的故事給讀者或視聽者。例如，一度想要競選總統的某大企業老闆，宣稱是「媽祖」託夢，才想要出馬，後來這位大老闆又向媒體放話，說某一位算命師預言，斷定他可能會當選，「媽祖」託夢與算命師的「當選」預言，完全證明這位大老闆把選民當成沒有文化的白癡，而這種愚民的放話，居然也被媒體不斷報導。

想選總統，就大方說要選總統，不必把責任推給「媽祖」，至於會不會當選，也要看自己是不是受到選民支持，算命的如果有預測某個人會不會當選的超能力，就不會一輩子都在為人卜卦。這種怪力亂神的報導在日本嚴謹的媒體上不可能出現，只能在八卦媒體上亮相。某間寺廟的信徒在燒香時，香灰出現類似數字的圖樣，就會被八卦媒體大作文章，成為焦點報導，沒有根據的新聞被大幅操作、渲染，把已在高度文明時代的台灣人民又帶回過去民智未開的世界。

媒體逐漸八卦化

就我個人感覺，台灣媒體不論是比較嚴謹的大報或電視，都有逐漸八卦化的傾向。在日本，涉及名人的性醜聞，在未證實、或被判有罪之前，只有八卦週刊或八卦藝能報紙才會刊登，很少出現在全國性報紙。「不報導未證實的下半身消息」也是日本主流媒體的自律，但是碰到這類新聞，台灣媒體不管是哪一掛，大家搶破頭，有的甚至用頭版頭處理。

台灣的八卦週刊或日本藝能體育報紙的媒體，特別對名人、富商、政治家的隱私高度有興趣，某位名人或富商何時去超商買飲料、和某電視主播吃飯等等，都會被無限想像，用創作小說的方式大做文章，添油加醋放大報導，連無辜的家人都會被牽連，當事者只有欲哭無淚。

幾年前，我在台灣報紙上看到有名記者發了一則有關二戰日本投降的消息，上面如此描述：「日本投降之前，台灣遭到『盟軍』空前猛烈的轟炸……」，看了這一則報導，立即發現這是過去國民黨在台灣的大中國思想洗腦教育，將錯誤的歷史觀灌輸給這個年輕記者所造成的錯誤結果。這名記者所謂的「盟軍」，是在指中國和美國共同作戰的聯軍，當時的台灣在日本統治下，屬於日本，美中的軍隊是「盟軍」，當然就是日本的敵軍。報導寫「台灣遭到『盟軍』空前猛烈的轟炸……」，當然會被錯認當時台灣和中國、美國是一起的，這是第一個錯誤，第二個錯誤是，只有敵軍才會轟炸你，「盟軍」怎麼轟炸你呢？

年輕記者撰發與歷史有關的報導發生錯誤，也不能全怪他們，是蔣介石的國民黨軍被共產黨趕到台灣，強迫台灣人不能說自己是台灣人，要說「我們都是中國人」。因此不清楚過去日本在台灣這段歷史的新一代台灣人，也被誤導為二戰時美國是台灣的盟國，現在美軍和現在的台灣軍說不定是「隱性」盟軍，可是戰前和包括台灣在內的日本軍都是「敵軍」。

台灣四百年史是一部悲慘的歷史

台灣的四百年歷史，就是一部非常悲慘的歷史。荷蘭、西班牙、明國、清國、日本，戰後日本走了，所有人正在慶幸台灣可以回到台灣人手上的時候，又被中國來的國民黨軍占領。稍微安定下來後，連一步都沒有踏上台灣土地，也沒有在台灣收過一分錢稅金的中國共產黨又說，「台灣是中國的一部分」，好像流氓用大拳頭想把台灣逼成世界孤兒。一方面用武力威脅，一方面用金錢收買各行各業，例如宗教、科技業、政府部門、社會團體，甚至連黑道也在中國掌控之下；最嚴重的是，中國不惜砸下龐大資金收買媒體成為中國代言人，目的是企圖影響台灣的政治方向。

在國民黨獨裁政府的嚴厲管控之下，至少九十九％平面與電子媒體成為御用傳聲筒，每天大唱「反共抗俄」；現在民主自由的台灣，媒體反而變成中國共產黨的傳聲筒，當時國民黨用的「武器」是恐怖政治，現在共產黨用的是銀彈。

目前完全在中國百分百掌控下的台灣媒體數量非常可觀，根據路透社消息，至少有五家台灣媒體集團接受中國資金，在多個平面刊物和一家電視頻道刊登為共產中國宣傳的新聞。路透社同時也訪問台灣的十位媒體記者和編輯部主管，發現媒體內部有與國台辦等對台單位簽署合約文件，其中有家「中」字頭的主流媒體網站曾大肆宣揚中國政府的一項新計畫，企圖吸引台商企業前往，此為中國想在台灣媒體上扭轉形象，希望藉此贏得民眾支持統一的做法之一。

有一名曾在台灣媒體任職的高階主管坦承，中國政府「付費」新聞數年來都從他那裡經手，此人目前已離職三年，轉入政府相關單位工作，他也證實，這些費用大都來自國台辦，其他中國省市政府也會「投資」台灣媒體「購買」有利於中國的新聞。以前中國收買台灣媒體偷偷摸摸，現在則是明目張膽，我的了解是，目前媒體以台灣為本位，在中國銀彈攻勢之前絲毫不為所動，而且態度強硬的媒體，幾乎只剩下《自由時報》和民視等寥寥幾家而已。

兩年前，中國也曾透過白手套，企圖要收編民視，方法是利用其在台代理人，以超過市場數倍的價錢，到處收買民間小股東所持有的股票。幸好投資民視的小股東，知道媒體在中國的金錢攻勢下相繼失守，拒絕利誘，才保住擁護主張台灣有獨立主權的民視免於淪為中國傳聲筒。

如果《自由》和民視這兩家台灣最大的媒體也被中國銀彈打趴，台灣也差不多完蛋，這麼嚴重的危機已經包圍台灣，蔡英文政府要用什麼方法消滅「共匪」，以及和台灣共有民主自由價值觀的日美歐等世界各國如何支援，是決定未來台灣命運的關鍵。

中國禁止觀光客來台，企圖影響總統大選

在明年一月十一日的總統選舉中，如果民進黨的蔡英文總統再度連任當選，國民黨很可能會永久進入「停業」的狀態，之後的選舉恐怕就難有翻身機會，因此為了阻止蔡英文連任，中國除了花大筆金錢收買媒體，也收買傳統的地方派系頭人、連一些政府部門的不肖份子也有被收買的傳聞。不僅如此，在選前四個月的九月，中國還以大量金錢「購買」南太平洋島國的索羅門和人口只有十幾萬的吉里巴斯，迫使他們和台灣斷交。

中國砸錢利誘索、巴兩國對台斷交的理由，一般認為，最近美國對台灣一連串的友好措施，以及積極出售武器是導火線；也有專家分析，香港「反送中」問題沒有解決方法的

時候，中國企圖以此移轉國際視線。不論如何，中國的最終目的是在壓縮台灣國際生存空間，讓蔡英文總統的競選連任之路更加難行，最後逼迫台灣人向中國投降，但是這種策略在台灣可能只會越來越失靈。

如前面提到的，一九九六年台灣首次實行總統直接民選時中國對台灣發射四枚飛彈、二〇〇〇年陳水扁選總統時，當時中國的朱鎔基總理在電視上直接恐嚇台灣人民「如果投給陳水扁就要自食惡果……」等，每一齣戲碼都出現反效果，收買台灣媒體、砸錢拔台灣的邦交國，只會讓台灣人民更加團結而已，不會讓台灣人民因此就向中國跪地求饒。

中國早在七二年日中建交時，就開始不斷羞辱台灣，迄今四十七年，可是一直都沒有達到預期效果，只是讓兩岸隔閡越來越大而已。

中國高壓對台，每次自己吃虧

日中建交時雙方在航權談判上有所謂的「飛航六原則」，禁止中華航空公司與中國民航的飛機在同個機場起降，因此一九七八年成田新東京國際機場落成後，只有華航成為唯一的一家國際航班被「丟包」在改為國內線專用的羽田機場。當時處於日中建交初期，中國姿勢相當高，反對華航一起搬到成田新國際機場。華航在中國高壓下，只能「孤苦零丁」留在羽田機場，不料「塞翁失馬，焉知非福」，華航反而成為所有移到成田機場起降、擁有飛台北航線的航空公司羨慕又忌妒的對象。因為羽田機場距離東京市區只需二十分，而成田機場到東京市區大約要一個小時二十分，有時塞車得要兩小時以上，因此往返東京台北，或從東京飛夏威夷（當時華航有東京夏威夷航線）的旅客，大都選搭省時的華航，在羽田機場的東京—台北航線，變成「只此一家，別無分號」的獨占生意，票價還比從成田起降的別家航空公司貴。

當時作為華航最大競爭對手的「日亞航」曾在八〇年代後半幾次建議日本政府也讓華航遷到成田，但都遭到中國反對，直到成田機場增建跑道啟用的二〇〇二年四月十八日，華航才搬到成田，總算與世界各國的航空公司「平起平飛」。中國原本想霸凌台灣，讓華航孤零零在羽田出糗，沒想到卻讓華航「獨家經營、別無分號」在羽田機場大撈特撈，中國每次對台灣高壓，最終都是自己吃虧。

目前美中貿易大戰正在進行，台商在中國投資的資金今年回流投資台灣大約六千億元，還在持續回流之中。今年九月十三日蔡英文總統在台南市一項會議的談話中也指出，除了台商回流投資累積的新台幣六千億，外商也跟著加碼投資，她還說，今年是台灣投資「大爆發的一年」，以前都是資金流出，現在投資回流，這是台灣最關鍵的轉捩點，善用國際情勢，做好投資環境，台灣將變成活潑的商業環境。前財政部長嚴慶章今年九月出席在東京舉行的「日美台保守政治行動會議」時，也認為美中貿易戰爭短期來說對在中國的台商也許有衝擊；但是長期來說，對台商或台灣全體是有利的，中國的所做所為最後都造成負面的結果。

觀光客訪台禁令，台灣不會因此被打趴

最近中國文化與旅遊部突然宣布二〇一九年八月起，對四十七城市停止簽發到台灣的旅遊個人證，而引起台灣旅遊業的不安。據旅行業界的初步估計，今年八月至明年一月的總統大選期間，台灣可能會流失中國自由行觀光客約五十到七十萬人次，以過去的數字看，每一名中國觀光客來台的消費平均約四萬元，估下半年觀光產值恐損失約兩百億元，

今年原預訂來台國際旅客一千兩百萬人次的目標也將受影響。

對此，大部分飯店業者根本沒在怕，因為政府力推新南向，雖然中國客不來，日韓與東南亞的觀光客訪台有顯著成長。過去中國為了給民進黨政府下馬威，也曾禁止中國觀光團來台，結果台灣也沒怎樣。因為中國觀光客到台灣是在中國「一條龍」模式下運作，也就是包括飯店、餐飲、遊覽車、伴手禮店等，大都有中國資金入股，有的甚至是百分百中資，觀光業者能賺到中國團的錢其實非常有限，禁止中國觀光團到台灣，真正受重傷的應該是中國的業者，台灣業者只是擦傷而已。

一流的中國客到歐洲買名牌包，二流的中國客到日本搶購免治馬桶蓋和超薄保險套，三流的中國客到台灣只買一個不到五十元的鳳梨酥，還要討價還價。像這樣的中國客來了當然是商家的小確幸，但也不會因此致富，如果不來，商家也不會變得更窮。中國政府也把台灣人看扁了，用禁止觀光客訪台來嚇唬台灣人，阻擋民進黨繼續執政，簡直笑死人，台灣的實力如果只有因為中國客不來就被打趴，那我也建議蔡英文總統甘脆早一點宣布統一算了。

日月潭是知名觀光景點之一，中國客還沒來之前，環境清幽完全保留原始的景色；中國客一來之後，整個日月潭全變樣，所到之處都是人、人、人，擠得幾乎無法走路，而且說話好像在打架，真的吵死人，不但嚇跑其他外國觀光客，連台灣人也不去。現在中國客少了，終於再度恢復本來面貌，日客和東南亞客也繼續回流，禁止中國的團客或散客到台灣，一部分台灣做觀光客的業者最多只是「輕傷」，更不會因此就對中國妥協。

台灣有一家具有規模的觀光飯店，大部分客人是日本觀光客，在中國開放觀光客訪台後，整個飯店大廳從早到晚大聲喧嚷，每個人都好像在吵架，飯店秩序亂成一團，原來飯店高貴的安靜氣氛，一下子變成三流的小旅館。為了維持形象，這家飯店想出一個兩全的方法，因為日本觀光客通常是在週末或連續休假才會有較多人訪台，因此凡是星期六、日，或是連續假期，就不接中國團，並且固定在某一層樓接待中國客，這是這家飯店同時吸引中國和其他國家旅行團的「生存」手段。這也說明，中國客到海外國家旅行，其實該國也未必歡迎，因為必須付出比其他國更多的社會成本，實際上就有一些國家對中國客的大舉來訪說「No, thanks」，瑞士幾年前曾拒絕接受中國一家大企業的七千人大型觀光團客就是一例。

中國可以用剝奪人民旅行自由的方式禁止觀光客到台灣旅行，企圖達到其政治利益，當然也可能用同樣的方法對付日本或其他國家。

中國用同樣方法對付日本

中國在各領域，用盡所有方法霸凌台灣，例如在無關政治的世界衛生組織大會（WHA），也排除台灣參與，台灣無論在醫療工作或防疫工作都擁有世界一流的水準，中國卻故意排除台灣，整個世界防疫網如果只有台灣這個缺口，日本和整個東亞都會遭受影響，這種心態不是只害了中國一直聲稱的「台灣同胞」，而是在害整個亞洲人民的健康，甚至是全世界的健康都可能遭殃。

中國也一直用脅迫利誘的方式對付日本，要求日本在地圖上將中國和台灣使用同一顏色處理，以表示

《廣辭苑》第六版在「中華人民共和国」條目，將台灣列為中國第二十六省，在改訂版中也沒有更正。

「台灣是中國的一部分」，儘管日本並未承認台灣是中國的一部分，但是日本一部分教科書仍使用同一顏色標示台灣與中國，「擅自」將台灣當成中國的一部分，一部分出版社的地球儀也將台灣塗成同一顏色。這種很明顯違反日本政府的見解，不是屈服於中國壓力，就是故意以此向中國表示「忠誠」，日本李登輝之友會曾數度向文科省提出反應，但也沒有獲得改善。

日本的市民團體「台灣研究論壇」和在日台灣僑團，曾抓到日本左派岩波書局出版的《廣辭苑》，在「中華人民共和國的行政區分」項目中，居然將台灣列為「中國的第二十六省」。這種廣泛使用的辭典內容違背事實，完全誤導日本民眾，不但如此，其他數項相關記述也歪曲事實，被質疑是配合中國的「一個中國」的演出，雖經台灣人社團「全台連」與「台灣研究論壇」抗議，岩波書店二〇一八年一月改版的第七版中也拒絕更正。

岩波書店的《廣辭苑》至少有三個重大錯誤。首先是與台灣相關項目中的註解，指稱「一九四五年日本戰敗，『回歸到中國』，四九年『移轉給國民黨政權』」，這是完全違反事實的記述。根據一九五二年〈舊金山和約〉第二條（b），日本只「放棄」對台澎諸島的權利、權限與請求權，並未將台灣「回歸」給中國，更沒有在四九年「移轉」給國民黨政權。

關於〈舊金山和約〉部分，一九七二年簽署〈日中共同聲明〉的前日本外務大臣大平正芳，曾於該年十月二十八日在國會提出日本政府的官方見解，指出「在〈舊金山和約〉中，日本放棄在台灣的所有權利，既然已經放棄，就沒有說是台灣屬於誰的立場」，這也是迄今日本對台灣的一貫立場。換句話說，也就是「台灣的地位未定」。

其次是，《廣辭苑》一八一一頁的「中華人民共和國行政區分地圖」中，台灣居然成為中國的第二十六省。台灣從未被中華人民共和國統治過，目前所謂的「中華民國」，也是對台灣的「非法占領」，台灣不是中華民國的領土，更不是中華人民共和國的一省。

第三個錯誤是在「日中共同聲明」項目中，《廣辭苑》的記述是：日本「事實質上承認」

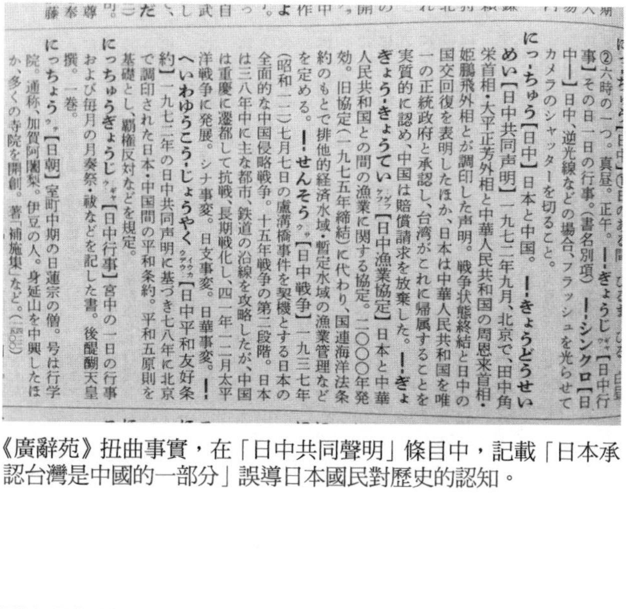

②六時の一つ。真昼。正午。 ー・ぎょうじ【日中行事】その日一日の行事。（書名別項） ー・シンクロ【日中ー】日中、逆光線などの場合、フラッシュを光らせてカメラのシャッターを切ること。

にっ・ちゅう【日中】日本と中国。 ー・きょうどうせいめい【日中共同声明】一九七二年九月、北京で、田中角栄首相・大平正芳外相と中華人民共和国の周恩来首相・姫鵬飛外相とが調印した声明。戦争状態終結と日中の国交回復を表明したほか、日本は中華人民共和国を唯一の正統政府と承認し、台湾がこれに帰属することを実質的に認め、中国は賠償請求を放棄した。 ー・ぎょうぎょうてい【日中漁業協定】日本と中華人民共和国との間の漁業に関する協定。二〇〇〇年発効。旧協定（一九七五年締結）に代わり、国連海洋法条約のもとで排他的経済水域・暫定水域の漁業管理などを定める。 ー・せんそう【日中戦争】一九三七年（昭和一二）七月七日の盧溝橋事件を契機とする日本の全面的な中国侵略戦争。十五年戦争の第二段階。日本は三八年中に主な都市、鉄道の沿線を攻略したが、中国は重慶に遷都して抗戦、長期戦化し、四一年一二月太平洋戦争に発展。シナ事変。日支事変。日華事変。 ー・へいわゆうこう・じょうやく【日中平和友好条約】一九七二年の日中共同声明に基づき七八年に北京で調印された日本・中国間の平和条約。平和五原則を基礎とし、覇権反対などを規定。

にっちゅうぎょうじ【日中行事】宮中の一日の行事および毎月の月奏祭・祓などを記した書。後醍醐天皇撰。一巻。

にっちょう【日朝】室町中期の日蓮宗の僧。号は行学院。通称、加賀阿闍梨。伊豆の人。身延山を中興したほか、多くの寺院を開創。著「補施集」など。

《廣辭苑》扭曲事實，在「日中共同聲明」條目中，記載「日本承認台灣是中國的一部分」誤導日本國民對歷史的認知。

中華人民共和國是唯一正統政府，以及對台灣的（中國）歸屬。對此，日本外務省官網指出：「關於中國政府再三強調的『台灣為中國不可分割領土的一部分』，日本政府對此『十分理解與尊重』」，顯然，日本政府並未承認中國領有台灣。

日本嘗過中國苦頭

二〇〇五年，因反對小泉純一郎首相參拜靖國神社，在北京、廣州、成都、上海、香港等各主要城市出現大規模反日運動；二〇一二年因為日本將釣魚台國有化，又出現規模數倍於二〇〇五年的反日運動。兩次都是官製的反日運動，暴徒大肆破壞日商公司與商店，駐中國日本公使用車也遭攻擊，街頭甚至貼著「哪怕華夏遍地墳，也要殺光日本人」、「寧可大陸不長草，也要收復釣魚島」等，對日本充滿仇恨的煽動字眼。

二〇一二年，中國官製反中運動，車輛貼上殺光日本人的驚悚標語。

以目前的東亞局勢，台日基本上所面對的是相同危機，要應付共同的危機，那就應該擬定一個共同對策。對中國而言，台灣只是他們想要拿到手的獵物，但是日本則是「報仇」對象，中國對日本的仇恨數倍於對台灣，直接說，中國的最終敵人是日本。

台灣與台灣海峽是日本的喉嚨，如果日本的喉嚨被中國掐住，日本的安全就有問題。台灣是親日國家，至少在安全保障上沒公然背棄過日本，中國既是台日的共同危機，兩者就應該共同面對這個危機，但是問題在於目前日本國內沒有任何一條法律可以保障台日目前如此密切的關係，日本國內的「日美台安保研究所」一直主張的日本應該早日制定〈日台交流基本法〉的國內法的理由，也就是基於中國是日台，甚至於也是日美台的共同威脅，日本政府應該正視中國對地域造成共同危機的這個事實存在。

台灣人是中國的「同胞」？

中國對台灣人在嘴上都說是「台灣同胞」，其實聽起來很肉麻。一九九九年九二一大地震，日本救助隊在第一時間協助搜救，俄羅斯的救助隊也緊急準備出發救援，但是被中國阻擋，理由是要通過中國的領空必須中國政府同意。中國阻擋俄國馳援台灣的目的是再一次提醒「台灣是中國的一部分」，所以即使要到台灣救人，也先要問我可不可以；這種做法，說台灣人是「同胞」，用屁股想也知道是說假的。如果中國當時不阻撓俄國救援，甚至公開呼籲國際社會緊急到台灣救助他的「同胞」，這種器量可能讓中部災區的民眾認為中國人也是台灣的「同胞」，說不定從此變成統一的支持者，然而事與願違，像中國這種國家，台灣人可能喜歡嗎?!

東日本大地震發生時，台灣人立即捐出超過兩百億日圓，在日本電視節目上的一名中國記者居然說「應該看成中國捐的，因為台灣也是中國」。這個人頭殼應該是燒壞了，當場被日本記者反駁，告訴這個頭殼燒壞的中國記者，「台灣是台灣，中國是中國，怎麼可以混在一起？剛剛的說法你老兄不會覺得羞恥嗎？」像這種典型中國霸權思想，台灣人怎麼可能喜歡?!

台灣內部有一些大中國主義者一直無法認同台灣人為什麼那麼喜歡日本，就像台灣人無法理解這些人為什麼會那麼討厭日本一樣。過去有五十年時間，台灣人就是日本人，這不是台灣喜歡當日本人，而是腐敗的滿清帝國打輸日本後，將「化外之地」的台灣和「化外之民」的台灣人送給日本，這好像是一個人賭博輸了，硬是把小孩送給對方抵帳，結果對方也把這個小朋友當自己的家人照顧，小孩和這個新家庭當然親近，這是很正常的。

台灣歷經日本統治五十年，這是歷史環境造成，並非台灣人自願。而中國人討厭日本也有理由，因為中國和日本打過仗，說不定有殺父之仇，所以和日本有仇，這種心情我們也必須理解。台灣人喜歡日本，中國人討厭日本，都各有其歷史背景，必須互相尊重。同樣道理，中國一味要台灣和他統一，過去是要「血洗台灣」，現在是要「武力解放台灣」，好像一對正在戀愛的男女，男的威脅女的嫁給他，否則就要「血洗你家」或「對女方動粗」，這樣的話，女孩子會嫁這個暴民嗎？中國想要「統一」，恐怕是無解。

第二章

台灣人眼中的日本

三一一東日本大地震與台日連帶關係

二〇一一年三月十一日下午兩點四十六分，發生在日本東北地方宮城縣牡鹿半島外海東日本大地震（通稱「三一一大地震」），無疑是我在日本採訪新聞四十年所遇到最震撼、最大的災難事件，在這場大地震中，日本失去二萬多條寶貴生命，經濟上也損失了近二十兆日圓，短短八年內，災區復興速度之快，令全世界驚奇。

作為長期駐日記者，在這場大地震中我看到日本擁有世界第一流的危機管理體制，也親身目睹這個國家的人民，在遇到空前危機時所表現的鎮定，全世界沒有一個國家可以比擬。災民靜靜排隊一、兩小時，為的是領一瓶礦泉水，或是打一通公共電話；全世界即使是美國這樣的先進國家，如果同樣發生規模龐大的災難，不發生暴動或搶劫事件，反而不可思議，而日本正是這樣不可思議的國家。

在三一一這場大災之中，全世界紛紛伸出援手，駐日美軍發動「トモダチ作戰」行動，派遣船艦馳援福島核災，協助災區民眾，台灣人民在最短時間內捐出超過兩百億日圓。雖然當時的菅直人內閣擔心中國反彈，在初期不敢公開對台致謝，而讓日本國民憤怒，一位有正義感的年輕女性木坂麻衣子發動「謝謝台灣」的運動，這也讓我看到台日兩國人民如何接近，這種感情其實已經超越邦交國家的水準。

台灣和日本一樣都是非常容易發生地震、颱風等天然災害的國家，雙方在各種天然災害的經驗下，已建立起互相救援的機制。一九九九年的九二一大地震，日本的救援隊最先抵達，日本國內到處都有人發起「拯救台灣」募款活動，除了紅十字會，也有各種慈善團體在媒體呼籲為台灣捐款，我也看到一些媽媽帶著小孩在車站附近的街頭聲嘶力竭為台灣加油的情景。發生三一一大地震後，台灣人捐出善款，只是對日本人民的回報而已。兩百多億日圓的金額，對日本在地震的龐大損失來說，雖然只是極小的數字，但代表台灣人的善意，此價值超過兩百億日圓的幾十、幾百倍。

台灣人對日本的善意

在三一一大地震中，日本的觀光產業也遭到巨大打擊，當時的立法院長王金平在同年四月二十日以「東日本震災台灣慰問訪日團」的名義，率領民間觀光團到北海道，目的是在表達台灣人對北海道觀光事業受到震災的嚴重打擊表示關切和慰問。時任台南市長的賴清德也和台南市議會議長賴美惠於四月二十二日到災情嚴重的台南姊妹市宮城縣仙台市訪問，代表台南市民捐出一億多日圓，並邀請年輕的日本災民到台南短暫免費居住，同時歡迎年老災民到台南Long-stay，希望讓因災害所造成的傷痕減到最低，諸如此類協助日本救災的配套措施在台灣陸續展開。

五年後的二〇一六年二月六日，台南發生大樓倒塌的七級大地震，同年的四月十四日和十七日，日本九州熊本縣也發生七級地震，造成重大損害。在台南大地震發生的第一時間，日本首相安倍晉三就在國會對傷亡者表示慰問與哀悼，同時表示「日本將提供任何台灣所需要的援助」，內閣官房長官菅義偉與當時的外務大臣岸田文雄，也先後公開發表談話，表示日本絕對會提供台灣所需要的任何援助；日本民間自動在街頭募款，各種網站也塞爆「對台灣報恩」的留言，五年前東日本大地震發生時，台灣人對日本的恩義，無疑讓日本人刻骨銘心，南台灣地震再次印證台日人民的羈絆之深。

白鶴報恩

日本民間有「白鶴報恩」（鶴の恩返し）的美談，是說古代日本東北地方住著一對貧窮老夫妻，老翁某天外出，看到一隻被卡在獵人所設捕獵籠內無法脫身的白鶴，流淚哀求救牠一命，老翁隨即打開籠子，讓白鶴脫身。第二天下起大雪，突然有一貌美的少女前來敲門，表示自己無依無靠，希望在雪停前能暫時棲身數日；得到老翁的首肯後，少女每天非常細心地伺候老夫婦，並且把家裡打掃得一塵不染。

有一天，少女請求老翁到街上購買織布棉線，說她可以織出漂亮的布匹讓老翁賣錢，但是不准任何人偷看她在織布。幾天後，老婆婆好奇少女怎麼會織出這麼好看的布匹，就偷窺了一下，發現有一隻又瘦又弱的白鶴，不斷地從身上拔下雪白的羽毛，用心織布。但是秘密被看到之後，少女也就直接向老夫婦告白，她就是被老翁救出的白鶴，因為秘密被發現，她就必須告辭，這隻白鶴就這樣離開老夫婦的身邊。

這個流傳日本全國的故事，成為日本人教育小孩知恩圖報的典範。

台灣人在東日本大地震中，默默地奉獻救助，在之後的南台灣大地震時，立刻有日本人大聲疾呼「這是日本人回報台灣的時候了」、「台灣加油」、「台南加油」，一群互不相識的日本人，在寒風刺骨的一大早，為南台灣地震募款。日本岩手縣山田町的一所幼稚園，也想起過去台灣人的恩情，讓每個小朋友畫圖，所有的小朋友都要台南「不要被地震打敗」；宮城縣仙台市、南三陸町在地震當天，也立刻展開「報恩行動」，國會議員、民間企業也都慷慨解囊，這些行動不正是「白鶴報恩」的現代版嗎？

同年四月十四日，熊本縣也發生大地震，當時的台南市長賴清德在第一時間也和駐日代表謝長廷一起趕到熊本縣慰問，台日兩國雖無邦交，過去的五十年日治歷史不但沒有造成雙方隔閡，反而成了雙方人民相互理解的基礎，日本三一一大地震與南台灣大地震，進一步證明台日兩國以人民擁有的善心相連。

世界第一流的國家危機管理體制

三一一大地震發生隔天上午九點過後，東北災區還下著大雪，我從住家附近的日產汽車租到一部四輪驅動的車子，立即上路前往災區，沒想到所有的高速公路全部封閉。後來才知道，日本政府規定大型災害發生時，所有通往災區的高速公路只准救災車輛通行，以確保救災物資能順暢流通，其他各型車輛，無論是國會議員或媒體記者，都不能開上高速公路。在這裡，我又看到日本國家公權力的威嚴，與世界第一流國家危機管理機制。

東京通往東北地方的主要高速公路有東北道、常盤道，也有數條一般國道連結；三月十二日當天，只開放東京通往青森的十七號國道，車輛全塞爆在這一條國道上，車流有如牛步，邊走邊停，形成一條巨大長龍般的停車場。平常從東京開車到福島只需四小時，當天一路開到深夜十二點才通過福島，再開兩小時才到達仙台市；由於當晚福島的東電核電廠發生大爆炸，一路上和台灣的報社保持聯繫，總社指示安全為上不必勉強接近災區，並且要我回東京駐地待命，很多台灣駐日媒體同業也一樣接到折返的命令。

大約深夜兩點過後，我正要掉頭開車回東京，路上遇到從災區出來的兩男兩女帶著三個小孩子，他們和家人失聯，沒有交通工具，身上也沒帶什麼東西，看起來非常疲倦。我在出發時買了一箱礦泉水，便詢問他們要不要喝，沒想到其中兩名男性搖手說，我們已經從被海嘯淹沒的地方出來，水就留給裡面（還沒能出來避難）的人好了。說聲謝謝後就匆匆離去，這些依靠雙腿行走的災民，我想一定住在附近不遠處，竟也不要我送他們一程。

這件事到現在一直讓我無法忘懷，緊急避難中的人，居然還會想到還在災區的其他人可能沒有水喝，要把水留給他們，世界上應該只有日本人做得到！這無疑是日本民族遇到危機時可以團結一致的源頭所在。

無眠的二十八小時

三月十三日凌晨兩點多和路上遇到的災民分開後，我急著掉頭開回東京，時值深夜，且不是往災區，雖然比來的時候順利，這一路也是開了八小時才到東京的上野。沿途想要找個地方休息睡覺，但是一星到五星的所有旅館、飯店全爆滿，路邊雖有不少二十四小時便利商店，但買不到食物。車子沒油，到了加油站大排長龍，至少要等三十分到一小時，而且只限加二十公升，就這樣回到東京，這一趟災區行，二十八小時完全沒閉眼，幾乎都開車在路上牛步前行。

因為福島核電廠爆炸，東京首都地區必須分區限電，每一地區停電的時間大概是二到三小時。但是我必須發稿給台灣的報社，停電時只能用筆電寫稿，照明工具就是手電筒，如此繼續了兩三週。在這段期間，加油站幾乎全部關閉，因為沒有汽油可以賣，日本並非沒有汽油，而是沒有油罐車，就算有油罐車，大部分的交通線也都遭到地震破壞而無路可走，加上餘震非常頻繁，電車走走停停，所以路上最為活躍的是瓦斯計程車。

當時的駐日代表是馮寄台，他每天認真地對駐日記者召開災情說明會，說明台僑的最新受害情形、台灣對日的支援狀況，因為核電廠爆炸所造成的放射性物質影響到食生活，後來出席記者會的人越來越少。包括駐日記者在內，很多在日台灣人返國，當時服務的《自由時報》編輯部主管也問我需不需要回台避難，如需返台，就暫時到總社國際新聞中心上班。因我不習慣每天上班，也就回覆留在日本，後來我才知道，駐日記者之中好像只有我沒有離開災區。我住的地方是千葉縣，千葉縣整個縣就是災區，也可以說我每天都在災區睡覺、吃飯，到目前為止根本也沒有考慮是不是吃到了所謂的「核食」。

發生大災難日本還要考慮中國高興與否

有非常多國家對三一一大地震提出各種援助，當時的日本首相菅直人，為了感謝海外支援，決定在美國、英國、中國、韓國等五國的七家主要媒體，以英文、中文、法文等刊登以「Thank you for the KIZUNA（「難以分割的連帶」之意）」的感謝廣告。但是捐款最多的台灣，卻因為中國因素，被菅直人內閣排除在外，引起多數日本人不滿，當時的菅直人首相曾表示，將對台灣以「另外一種方式」（感謝函）表達感謝。日本政府必須要做這種脫褲子放屁的事，不必說就知道是怕得罪中國，國內碰到大災難，還要擔心中國高不高興，菅直人內閣對中國的朝貢忠誠度，真的也令人佩服。

根據台北駐日經濟文化代表處統計，到二〇一一年四月八日，台灣民間對日捐款已累積到一百零一億圓，六天後的四月十二日達到一百三十億圓，最後數字超過兩百億圓，為世界各國之冠。當時中國的對日捐款只有三億四千萬圓，其實台灣人並不介意日本有沒有刊登感謝廣告，可是日本人很介意！

地震過後不久，有一位日本女性廣告設計師木坂麻衣子，在四月下旬突然約我見面。她在四月十九日成立了「謝謝台灣計畫」的網站，她的想法等於是「路見不平，拔刀相助」，她說她看到日本政府對台灣如此無情無義，實在無法忍受，希望號召有情義的日本人每人認捐一千日圓，在台灣報紙刊登感謝台灣的廣告。不到幾天就募到兩千萬圓，其中不少捐

ありがとう、台灣
您的愛心，非常感謝。我們是永遠的朋友。
東日本311大地震時，您的支援使我們覺得相當溫暖。我們將永遠記得這份情誼！
日本志同道合者 敬上
當時的報紙版面。

款來自災區民眾，這個計畫目標是在《自由時報》和《聯合報》刊登感謝台灣的廣告，和木坂小姐見面談過，感覺像木坂麻衣子這樣熱血的日本人實在太多。隨後我立即和報社聯絡，我覺得這個廣告不是來自日本政府，而是來自日本民間，日本人感謝台灣人的那種真情，令人感動的效果遠超過日本政府的廣告。

「謝謝台灣計畫」的廣告，五月三日在《自由時報》的A套第五頁半版刊登，該廣告的費用好像是兩、三百萬圓，但是《自由時報》在收到廣告費後又全部捐給災區賑災。據我所知，木坂麻衣子在「謝謝台灣計畫」所募到的款項扣除必須費用，全數都捐給日本紅十字會轉給災區。

木坂麻衣子的義舉發酵

一位日本民間女性發起、讓人感動的計畫後來不斷發酵，不但日本網民表達感謝，不少團體也親自到台灣表示謝意。直到現在，不可諱言，台日人民在東日本大地震的一連串互動中建立了全新的互信關係，雙方政府的互信基礎也進一步穩固，這在三一一大地震之後的台南大地震和熊本大地震之中表露無疑。日本總務省副大臣赤間二郎在二〇一七年三月二十五日以官方身分訪台，這是台日斷交以來日本政府訪台的最高階官員，赤間訪台的目的是參加在台北舉行的「多彩日本」活動，認為這與三一一地震後台日互信關係的深化毫無關連是說過不去的，日本盡可能對台灣釋出善意，蔡英文總統好像無動於衷。

直白的說，目前日本對台灣的唯一期待是，福島等災區五縣的食品可以出口到台灣。三一一以來，不少國家對福島等五縣食品的進口都加以管制，但是經過科學檢測發現安全無虞後大多已經解禁，包括一向仇日的中國也在二〇一八年採取逐次開放的政策，唯一全面管制福島五縣食品的國家居然是台灣，這讓日本有點錯愕，也有不滿。

二〇一五年七月二十一到二十六日訪問日本的李登輝前總統，在東京FCCJ（日本外國特派員協會）的演講中，曾被問及台灣開放日本福島等五縣食品的可能性，他的答覆非常簡單，「一切等二〇一六年。」意思是期待當時台灣的反日總統馬英九是不可能的，即將在二〇一六年投票的總統大選中，幾乎篤定當選的蔡英文雖然不知道是不是親日，但至少不是反日，她如果當選，開放福島食品進口的可能性很高，所以就「一切等二〇一六年」。

可是，直到二〇一九年仍然沒有下文。

靖國神社對台灣的意義

卸任總統的李登輝在二〇〇七年五月三十日到六月九日，偕同夫人曾文惠、孫女李坤儀和友人黃昭堂（已故台獨聯盟主席）等人，第三次訪問日本「奧之細道」時曾到位於東京都九段下的靖國神社參拜。理由非常單純，因為他的胞兄李登欽（日治時代的日本名是岩里武則），以日本海軍上等機關兵的軍階，昭和二十年（一九四四年二月十五日）在菲律賓呂宋島馬尼拉陣亡，現在他的遺照仍和其他戰歿者（包括台籍日本兵），一起被掛在靖國神社的「遊就館」。

李登輝夫婦在六月七日上午十點，由日本知名作家曾野綾子，以及三浦朱門等人陪同下抵達靖國神社參拜，停留了約四十分鐘後離開，李登輝以行禮和默禱的方式追弔亡兄，同時接受神社的驅魔除惡儀式。

靖國神社象徵日本國民捍衛國家的意志

靖國神社一直是日中韓歷史問題中，雙方摩擦的重要因素。中國與韓國始終認定靖國神社是日本「軍國主義」的象徵，但是對日本來說，靖國神社只是對為國家陣亡的日本人的一種敬意表示。雖然也有日本人反對靖國神社，但是對「靖國神社是象徵日本國民捍衛國家的意志」，則沒有任何爭議。李登輝的參拜，只是對兄長的悼念之情，李登輝在五月三十日抵達東京訪問時，許多記者再三詢問是否會到靖國神社，他的答覆是，「如果你也有親人在靖國神社，你會不會去？」表達前往參拜的強烈意願。對李登輝的靖國神社參拜行為，不但中國政府向日本政府幾次提出「嚴正抗議」，甚至連台灣內部的反日勢力也幫忙中國大批李登輝。

靖國神社最初是明治二年（一八六九年）為紀念在明治維新中死難烈士而建立的，原名「東京招魂社」，明治十二年改名為「靖國神社」，其後奉祀的「護國英靈」，包括日本對內、對外戰爭中為國犧牲殉難者，神社裡沒有骨灰、靈堂、牌位，只放著一本寫有兩百四十萬犧牲者姓名的名冊，其中包括約兩萬八千名台灣人與兩萬多名朝鮮人。社務所內部只有「靈璽簿」，記載姓名、本籍、生日與忌日，不是一些人所想像的「納骨塔」或寺廟，如同黃花崗七十二烈士紀念碑一樣，不可能「分靈」，也不是把「靈璽簿」撕幾頁帶回台灣就可以解決。

中國把靖國神社看成日本「軍國主義的象徵」，作為煽動反日情緒的籌碼，中國的理由是，一九七八年日本把在遠東軍事審判（東京軍事審判）中被宣判為A級戰犯的二十四人之中，包括東條英機前首相在內十四人的牌位進靖國神社內合祀。日本首相如果前往參拜就是「將侵略戰爭正當化」，也是「崇拜軍國主義」，所以曾以官方身分參拜的中曾根康弘首相與小泉純一郎首相，就遭到猛烈批評，甚至演變成中國內部的大規模「官製」反日暴動，韓國也趁機「參戰」，全面批判日本軍國主義復活。

在李登輝之前，二〇〇五年四月四日，時任台聯黨主席蘇進強曾大陣仗率領包括立委何敏豪在內的訪問團，參拜靖國神社。他也是解嚴以來台灣政黨領袖參拜靖國神社的第一人，當時蘇進強曾接受我的獨家專訪（自由時報），對參拜一事提出看法，他說，「到靖國神社不是要對哪一個特定的陣亡者參拜，而是要對在神社裡面，包括近三萬台灣人在內的兩百四十六萬為國捐軀的陣亡者所表現的『忠義精神』致敬，與軍國主義、戰爭主義毫不相干。」他也強調，他曾是職業軍人，「任何一個國家的國民為了自己的國家而丟掉生命都值得敬佩，黃花崗的烈士也是一樣，我想到靖國參拜只是想對這些為國犧牲的人表示尊敬之意，裡面的兩萬多台灣人之中可能有我的親戚也說不定。」

靖國神社是日中的問題，不是台灣的

對於中國要求日本將A級戰犯移出神社，蘇進強說，「那是中國和日本的問題，和台灣有什麼關係？A級戰犯這個問題沒完沒了，把A級戰犯搬出去後，中國會接著要求B級戰犯也要搬出去，最後是要求最好把靖國神社剷平。這樣做的話，問題也不會解決，到頭來中國一定還會找一個新的功課給日本做的，這個問題是日本的內政問題，我不便詳細評論，至於中國說靖國神社如何如何，那是中國與日本之間的爭議，不是台灣的問題。」

當時蘇進強在回答台日媒體與美聯社、法新社記者的提問時也表示，「任何人都有決定要不要參拜的自由，而我是以非常尊嚴、非常尊敬的心情前來參拜，目的是希望大家忘掉過去的仇恨，以建立和平的未來著想」，他對媒體表示，他是以台聯黨主席與台灣人的立場前來參拜，目的是對包括台灣人在內、全體為國家犧牲性命的忠義之士表示敬意，他強調，「全世界各國人民都有對為國犧牲的人表達敬意的自由，希望大家將心比心，不要拘泥過去，而能放眼未來」，至於中國反對參拜的問題，蘇進強說，「中國的觀點不能代表全世界，也不能代表台灣」，他又說，「中國是以仇恨為出發點，這無法令人苟同」。

二〇〇五年六月，立法委員高金素梅率領日治時代為日軍陣亡的「高砂義勇隊」遺族到日本，十四日當天她在東京表示，她的目的只有一個，就是要靖國神社「先把供在神社內的台灣原住民犧牲者除名」，然後「移靈」回台。「高砂義勇隊」是台灣在日治時期被徵召入伍的原住民青年，陣亡者與其他陣亡日軍一起入祀靖國神社。對此，靖國神社表示，不可能除去供奉在神社內的陣亡者名字，三年前高金素梅就曾到過靖國神社，「已經具有分靈的象徵意義」，沒必要提出相同要求。而且，靖國神社內只有記載犧牲者的姓名、本籍、生日與忌日的「靈璽簿」，不但沒有骨灰也沒有神主牌，根本無法分靈。

靖國神社是大多數保守派日本人的精神支柱，當時日本人認為高金素梅是要到靖國神社「踢館」，因此當天一大早就有右翼團體動員大批同志守在神社前，同時嗆聲「如果高金素梅在神社胡鬧」，就要將她「挾出去」。警方也動員大約三百名警力與大批鎮暴車輛，目的在保護高金素梅，因為右翼團體有可能藉此滋事。實際上，從現場氣氛也可以感受到，如果當時高金素梅等人進入神社，無可避免會發生推擠甚至大打出手的場面，當時我國駐日代表處人員也極力勸阻高金素梅，駐日處的用意甚至被曲解為「捧日本人的LP」，但駐日代表處終究化解了一場可能發生的暴力衝突。

高金素梅後來在二〇〇九年八月十一日再度率領原住民團體到靖國神社抗議，活動中因神社人員制止發生衝突，神社人員因而受傷。日本警方將高金素梅依傷害、妨害業務、對禮拜堂不敬等罪嫌移送法辦，兩年後的二〇一一年九月，東京地檢做出不起訴處分，但是沒有公布理由，一部分人士判斷，可能是考慮到當時高金的立委身分，以後高金就沒有在靖國神社出現過。

台灣也有「靖國神社」

事實上，台灣也有「台灣靖國神社」，在新竹縣北埔山間的南天山濟化宮，七層高的建築物內合祀約四萬名在大東亞戰爭中戰歿的台籍日本兵，這個數字與日本靖國神社內的人數相差大約一萬人，是因為其中有大約一萬人是不被日本政府承認的戰歿者。早期有不少台灣人到濟化宮參拜，後來因為國民黨的「去台灣化」洗腦教育，讓新生代台灣年輕人逐漸忘掉日治時代台籍日本兵的存在，現在到新竹北埔南天山濟化宮「台灣靖國神社」參拜的人也就大幅減少。

「日本人效忠日本」，這是理所當然的，台灣人當然也要效忠台灣，台灣的政黨領袖或其他政治人物即使是到靖國神社參拜，也因為神社內有兩萬八千位台灣人，不值得大驚小怪。在與日本人的關係上，台灣人和中國人分別有不同的歷史背景，必須互相尊重。過去台灣被日本統治五十年，在這段歷史之中，不論願意與否，台灣人就是日本人，台灣人和日本人在二戰一起並肩作戰是無法抹滅的事實。中國人和日本人有過幾次戰爭，互相是敵人，這也是事實，中國人到目前為止仍有一些人無法忘記過去的這段不幸歷史，這是可以理解的。而台灣人與日本人目前的友好，也是因為過去的歷史淵源，一口咬定是台灣人「媚日」，或者說台灣人是日本「皇民」，非常不公平。靖國神社的問題也一樣，日本人、台灣人、中國人都有獨自的歷史觀，應該互相尊重，而不是片面去強求對方附和自己。

日本雙胞人瑞姊妹──金銀婆婆訪台記

二十五歲以下的讀者應該不知道近二十多年前，日本百歲雙胞胎人瑞金銀婆婆是風靡全世界的超級明星。這兩位一八九二年出生的孿生姊妹是如何在日本造成旋風，當今華航的年輕組員或職員，可能也不知道金銀婆婆和華航之間其實有過一段「緊密關係」。兩老更曾在日本出版演唱ＣＤ，音樂製作人松本禮兒第一次在電視上看到她們就確信「這兩老一定爆紅」，立即決定出ＣＤ，松本甚至嘆息，「培養歌手並不容易，有時候還要花上一百年！」。

金銀婆婆兩人，金婆是姊姊，銀婆是妹妹，依現在說法，姊姊先出生，妹妹晚一點出生；但是當時的日本則相反，留在媽媽懷裡久一點的才是姊姊，所以銀婆其實是比金婆早幾分鐘出世的。

金銀婆婆訪台的夢想

曾在台中市經營「亞哥花園」的莊文勤先生是我的好友，他同時也是台灣新聞界的老兵，曾在盛極一時的「正聲廣播電台」，以「文平」的藝名主持過節目；他的台語發音字正腔圓，一般聽眾只知道「文平」，極少人知道誰是莊文勤，他也算是我在新聞界的前輩。

一九九四年的夏天我有事返台，剛好見到莊文勤，他表示現在的花園主題館實在不好經營，日本有沒有什麼好的東西可以開發？或是有沒有什麼可以配合發展花園主題館的？莊文勤認為我是專業新聞記者，應該會有比較準確的資訊，我的想法卻相反，我想我只是新聞記者，商業知識一竅不通，沒什麼可以提供的。可是當時我倒也想了一下，隨口告知日本目前最夯的是一對一百零三歲的「搞笑」雙胞胎姊妹，這對一個叫金桑（金さん）、一個叫銀桑（銀さん）的人瑞孿生姊妹，好比人間國寶，每天讓電視機前的日本觀眾笑得人仰馬翻，蔚為話題，而且馬不停蹄一下子九州、一下子北海道，東南西北到處做秀。

當時莊文勤問我，這和我的花園有什麼關係呢？我告訴他，逛花園是很高尚的嗜好，而且很健康，自然就會長壽呀。我也覺得這答案很牽強，沒想到莊文勤突然拍手大聲說，

「不愧是張兄，真的太好了，拜託你設法幫我邀請兩老來台灣看看，所有的費用全部我來處理」，被這麼一說，我一時語塞。首先這兩位紅遍日本各角落的超級明星都是一百零三歲的人瑞，怎麼可能坐飛機到台灣！其次是，我只是在電視看過，不知道她們住在哪裡、也不在經紀公司工作；在日本突然以個人身分邀請名人到哪裡訪問，應該是難中之難，就算找到、金銀婆婆同意，家人也不一定會答應到海外做秀。可是這個點子是我自己雞婆提出，只好硬著頭皮回答，「我試試看好了」，我的天，我自己也不知道到底要怎麼試。

與金銀婆婆的「第一類接觸」

當天莊文勤還告知，他會提供合於行情的謝禮，也很認真和我商量一些細節。我是說好玩的，但是莊文勤卻當真，回日本後的幾天我真的不知如何是好；大約過了一個月，才想到我有一位在日本TBS電視台當導播的好友金親秀和（二〇一七年過世），和他商量也許有幫助，他果然輕而易舉地幫我查到金銀婆婆的住址和電話。

巧的是，金銀婆婆兩人都住在愛知縣名古屋市內，而且兩家距離還不算遠，省掉很多之後我到名古屋和她們接洽的時間。金婆嫁給姓成田的丈夫，所以她的名字叫成田金，銀婆則嫁給姓蟹江的丈夫，因此名字叫蟹江銀。第一次出發到名古屋拜訪時，真的有點興奮和緊張，畢竟我要去找的是日本人氣第一的超級長壽偶像！

首先我拜訪金婆一家，她的大兒子成田幸男出來接待，我說明來意後，他當場直接告知，這個台灣訪問的計畫不可行，理由是金婆從未離開過日本，其次是一百零三歲高齡坐飛機訪台也是難關，萬一發生事情就代誌大條。他告訴我銀婆一家可能也有這種考量，當時我想這真的是大問題，不過我已經到名古屋，當然也要去看一下銀婆，由成田幸男陪同，銀婆家人對訪台的事情也有相同顧慮，我和金銀婆婆兩人初見面只能說是「第一類接觸」，沒有任何具體進展，她們兩家提出不能訪台的理由我也有同感。

問題是莊文勤還是不放棄，他要我再到名古屋好好說服她們家人，大約過了三、四星期我又去了第二次，這次我說，金銀婆婆不是經常坐飛機到北海道嗎？當時到北海道是波音七四七巨無霸大飛機，日本到台灣也是相同機型，從名古屋到北海道或台灣，航程差不多，既然可以經常往返北海道，到台灣也不會有問題，兩家聽我這麼說，好像有點動心，我進一步要她們家人先到醫院請教醫師意見，下次再來拜訪。當年年底我第三次去拜訪她

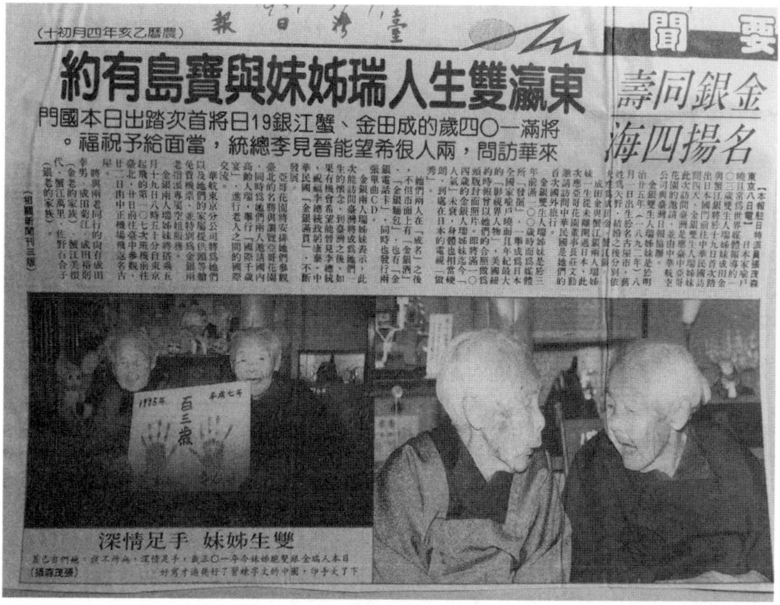

臺灣日報 （農曆乙亥年四月初十）

要聞

東瀛雙生人瑞姊妹與寶島有約

將滿一〇四歲的成田金、蟹江銀19日將首次踏出日本國門

來華訪問，兩人很希望能晉見李總統，當面給予祝福。

金銀同壽 名揚四海

【本報駐日特派員張茂森東京八日電】日本家喻戶曉且常為世界媒體報導的一〇三歲雙生人瑞姊妹成田金與蟹江銀將於十九日首次踏出日本國門前往中華民國訪問四天，金銀雙生人瑞姊妹此次訪問臺灣是應臺中亞哥花園的邀請，並由中華航空公司與桑椹日報協辦。

金銀雙生人瑞姊妹是於明治廿五年（一八九二年）八月一日出生於名古屋市，舊姓為矢野，結婚之後分別依夫姓變成成田金、蟹江銀，成田金與蟹江銀兩人瑞姊妹一生從未離開過日本，此次應亞哥花園董事長莊文勤邀請訪問中華民國是她們的首次國外旅行。

金銀雙生人瑞姊妹是於三年前滿一〇〇歲時而為媒體所「發掘」，一舉成為日本全國家喻戶曉而且年紀最大的「影視界人物」，美國紐約時報曾以她們的合照做為頭版封面照片。即將滿一〇四歲的金銀人瑞姊妹迄今一人「氣」未衰，身體也相當硬朗，到處在日本的電視「做秀」。

她們兩人在「成名」之後，不但市面上有「金銀酒」、「金銀麵包」，也有「金銀電話卡」，同時也發行兩張單曲CD。

金銀兩人瑞姊妹表示，此次能訪問臺灣將成為她們一生的懷念，到臺灣之後，如果有機會希望能晉見李總統，祝福李總統政躬康泰，中華民國「金銀滿貫」，不斷發展。

亞哥花園將安排她們參觀臺北的名勝與臺中亞哥花園，同時為她們兩人邀請國內高齡人瑞，舉行「國際千歲宴」，進行老人之間的國際交流。

華航東京分公司特為她們以及她們的家屬提供頭等艙免費機票，並特別為金銀兩老指派專屬空姐服務。

金銀兩人瑞姊妹將搭乘五月十九日八時五十分自東京起飛的第一〇七次班機前往臺北，廿日前往臺中參觀，廿二日由中正機場飛返名古屋。

時與兩老同行的尚有成田幸男、成田菊江、成田裕則（金老的家族）、蟹江美根代、蟹江萬里、佐野百合子（銀老的家族）。

雙生姊妹 手足情深

（張茂森攝）

筆者邀請九〇年代轟動日本，一百零三歲的雙胞姊妹金銀婆婆到台灣訪問。這是兩老一百多年的歲月唯一一次出國旅行。

們之前，其實並沒有抱很大希望，畢竟金銀婆婆的年紀真的很大。

第三次我又到名古屋見「老」朋友，沒想到她們的家人掩不住高興心情很快告訴我，「醫生說健康上沒有問題」，我想她們家人也許是想沾點便宜可以和老人家一起到台灣玩。就這樣我再次約定兩週後登門造訪，這次還帶了一位攝影師，我認為事情大致已定，一定先要拍照片、做專訪，並且確認她們家人意向。九五年春天最後一次造訪是和她們兩家簽合約、商量出發時間、訪台行程等細節，金銀婆婆兩人也很高興地分別對台灣人寫了「你好」的簡訊，所有事情都敲定後，才是我真正忙碌的開始。

金銀婆婆無形中挽回華航的聲譽

首先我聯絡航空公司、台灣的飯店、日本出發前以及抵台後的記者會等。在航空公司的部分，日航在七二年台日斷交後的中國壓力下，另外成立一家「日本亞細亞航空公司」飛台北；日亞航和台灣駐日記者保持很好的關係。日亞航一開始就要我讓金銀婆婆搭他們的飛機，日亞航當然知道這是一個超級免費廣告，但是我告知必須先問中華航空看看，因為華航畢竟是台灣的航空公司，如果華航不想要這個免費大廣告，那就搭日亞航。

那時華航的東京支社長是張太士，我告訴他這件事後，張太士高興得不得了，要我無論如何都要幫這個忙，並且詢問相關需求。我說金銀婆婆兩家，每家有三人陪同，一共是八人，加上我和台灣來迎接的亞哥花園老闆莊文勤，總共十人，希望提供八張頭等艙機票和兩張商務艙機票。張太士覺得這根本是小事，當場答應，最大的理由是前一年的一九九四年有一架華航客機在名古屋機場發生空難，重創華航聲譽，假如日本的一百零三歲人瑞孿生姊妹金銀婆婆坐他們的飛機，華航就能拍胸脯大聲對外說，「日本的國寶都來坐我的飛機了，華航的安全還會有什麼問題！」

接著是記者會的發布，一開始在東京我只以台灣媒體駐日記者為對象舉行記者會，大概辦了兩場。後來日本媒體記者不斷來電問金銀婆婆訪台事宜，又辦了兩場台日聯合記者會，台日各媒體陸續有醒目報導，大概是九五年的三月到四月，當時《聯合報》駐日特派員陳世昌兄幫了我很大的忙，不但幫我應付一些日本記者，在兩老訪台期間也一起到台灣協助我做一些對日本記者的翻譯工作，在此特別表示感謝。

成功說服金銀婆婆訪台，我做了幾件事情，第一件事是先為兩老各買往返日台的一個星期意外險，每人兩億日圓。我另外告訴金銀婆婆的家人，我準備讓大家一起先到東京和台灣駐日代表晚宴，第二天再從羽田機場出發。行程經過特別設計，前一年華航客機在名古屋機場出事，除了幾位幸運的乘客其餘全部罹難，兩人瑞正好住在名古屋，坐的又是華航，若從名古屋出發，老人家的家屬會怎麼想也必須考慮。因此我先聯絡當時的駐日代表林金莖，林代表後來在東京目黑鉉園飯店以晚宴歡送，隔天從羽田機場搭機，時間是九五年五月十九日上午，在登機前，我問一百零三年來從未踏出日本國門一步的金銀婆婆，第一次出國的心情如何？金婆說，活了一百多年才有第一次出國的機會，「感無量」（感慨良多之意）；銀婆則回答，「外國都講外國話，太可怕了」，可以看出她們對首次海外旅行的好奇表情。

超過百名記者等候在桃園機場

陪同兩人瑞一起抵台的有：金婆婆的家人成田幸男、成田菊江、成田裕則，銀婆婆的家人蟹江美根子、蟹江萬里、佐野百合子，還有從台灣來會合的邀請人莊文勤和我。到了桃園機場所有人都嚇了一跳，在場記者超過一百人，人山人海，大家都爭著想一睹這兩位超級「老牌」巨星；出機場再度嚇了一跳，一行乘坐的車隊，前後都有警車開道，像是外國要人到訪，車隊往台北移動的高速公路旁車道，居然有電視台的攝影記者打開箱型車車門，另外一人抱住攝影記者腰部，和金銀婆婆的座車平行移動一路拍個不停，攝影記者居然捨命跟拍，可見金銀婆婆的一舉一動在台灣受到最大矚目。

當晚在台北的記者會也來了百人以上的記者，第二天車隊往台中移動，後面也有大批記者車隊跟隨。在台中市郊外的亞哥花園，老闆莊文勤舉辦一場史上未有的「台灣雙胞胎以上（包括三胞、四胞）亞哥花園大集合」的活動，集合超過一百組的雙胞胎以上兄弟姊妹，配合金銀婆婆的到訪，當場獲登金氏記錄。現場採訪的各國電視轉播車至少有三十輛，蔚為奇觀，其中光是從日本、香港來支援的外國記者，至少有七十人。金銀婆婆訪台的消息，甚至遠在沙烏地阿拉伯的新聞都上了重要版面，讓台灣一時成為國際新聞的焦點。

在台中的第二天早上，金銀婆婆預定十點出發到亞哥花園，老人家的行動比較慢，至少八點就必須起床準備。九點時，隨行醫師照計畫在出門前量體溫等，做最基本的「健康檢查」，發現金婆的血壓非常低，醫師要她的家人再讓金婆睡一小時後再量一次，金婆依照指示又睡了一小時；十點醒來，醫師又量了一次血壓，還是沒有明顯改善，醫師又要她再睡一下。這時，金婆好像有點不爽，她的兒子成田幸男忍不住對醫師說，應該沒關係，這狀況在家也經常有，如果硬要她一直睡，她會以為自己真的生病了，還是讓她和大家一起行動，萬一有什麼狀況他們不會責怪醫師。於是隨行醫師讓金婆的兒子簽一份文件，金婆最後還是和大家一起有說有笑出門，到了亞哥花園，醫師還是不放心，又請金婆量了一次血壓，這一次居然完全恢復正常，連醫師也覺得奇怪。到底還是每天和金婆在一起的兒子才真的懂母親的脾氣和生活習慣，清楚母親的任性，真的是老人家像小朋友，不過當天早上大家真的因為金婆大為緊張。

金銀婆婆不但是台日友好的象徵，同時也幫當時聲名陷於低迷的華航「恢復名譽」，回到日本後有一段期間還成為華航的廣告模特，可惜二〇〇〇年一月二十三日，年滿一百零七歲的金婆與世訣別，過了一年的二〇〇一年二月二十八日，銀婆也以一百零八歲的高齡離開人間。

一個人策畫邀請金銀婆婆，從不可能變成可能，甚至造成台灣的空前金銀旋風，這是我在駐日記者生涯中，自己認為非常有意義而且很寶貴的經驗，一生可能就這麼一次。

高座的「少年工哀史」

還沒有到日本之前，就曾經聽說二戰快結束時，有很多十來歲的台灣少年被日軍「強徵」到日本海軍工廠做飛機，當時覺得日本沒有人性、太鴨霸。後來派駐日本採訪新聞，首次聽到所謂的「台灣少年工」這個名詞，才知道戰爭結束前兩年的一九四三年開始，真的有很多台灣少年，到日本神奈川縣大和市高座郡的「高座海軍工廠」(現在的神奈川縣座間市)做戰鬥機，但是這些少年並不是被強迫，而是自願。因為戰爭期間，台灣人民生活困苦，日本政府招募來日本半工半讀，一方面在海軍的工廠學做飛機不但不需要任何學費與生活費，還可以領一些工資，另一方面也可以學得一技之長。小學畢業的，三年後可以領到畢業證書，擁有工業中學畢業資格，如果是中學畢業，三年後可以獲得高等工業學校的畢業資格，將來也可能成為飛機技師。這些所謂的「台灣少年工」當時年齡大多在十二歲到十五歲，總數約有八千四百人。

得到工業學校或是高級工業學校的畢業資格，將來成為飛機技師，是當時許多台灣少年的夢想，可是那時有人批評政府（日本）是以優越條件為餌，讓小孩子過著重勞動的生活。根據知情的日本人士說法，事實上，當時日本海軍視這些台灣少年工為「虎子」，只是戰況非常險惡，對少年工約定的一些條件無法一一履行，這是事實，後來也成為日本遭受強烈批評的原因。

少年工在戰爭末期前往日本，分別被派到橫須賀海軍技術廠、土浦海軍航空隊、大村第二十一空廠、三菱航空機名古屋製作所、中島航空機製作所、川西航空機製作所、高座海軍工廠，最主要是做戰鬥機「雷電」。在嚴峻艱苦的環境下，台灣少年工當時獲得極高評價，但那時的「台灣少年工」對現代日本人來說，可能沒有什麼意義，也極少人知道，甚至沒有人想要知道。這是日本統治台灣五十年末期，台灣少年追求夢想的一段苦難「少年工哀史」，這段對戰時日本有重大貢獻的歷史，必須由現代日本人傳承，不能從此風化。

當時的台灣少年放棄溫暖家園，忍受日本酷寒的冬季氣候，儘管白天雙手遭到凍傷而皮膚龜裂，也必須要為「祖國」日本拚命製造戰機，晚上睡覺時更要與跳蚤和頭虱作戰。由於當時戰爭的主導權已經落在美軍手上，日本敗象已露，食糧的供應極為困難，少年工也常三餐不繼，在「飢寒交迫」下，台灣少年工仍然必須從事打造戰機的重勞動，同時在

台灣少年工在日本做的戰鬥機之一。

戰時台灣少年工的共同澡堂。

戰時台灣少年工的共同食堂。

美軍的連續轟炸下疲於逃命。

台灣少年工對台日雙方的貢獻

根據「台灣高座會」的記錄，到日本的台灣少年工，共有八千四百三十人，其中有六十四人因美軍轟炸或生病而死亡，另外有約一百人留在日本，其餘八千多人在一九四六年分別搭乘米山丸等六艘船陸續返台，前台灣總統李登輝和現任台灣高座會會長李雪峰也一起搭米山丸回到台灣。

在二〇一九年五月一日出版的《台灣高座會留日七十五週年歡迎大會記念誌》上，台灣高座會會長李雪峰在〈台灣少年工　回顧苦難的七十五年〉一文中有如此記述，「當時的宿舍位於以前的大和町上草柳，在未完成的工廠內接受三個月的實地訓練，除了分發到高座海軍工廠的本廠外，其他的例如中島飛行機製作所……等等，全國的航空機製作所都是少年工派遣赴任的地方，參與當時日本海軍所使用全部機種的製造和維護，少年工們所在的各個製作所都有可能成為敵軍主要的攻擊目標，但即使少年工們處在恐懼的工作環境中，仍秉持著強烈的愛國心和技術、勇敢誠實地去面對戰爭，受到很高的正面評價」。

一九四五年八月十五日日本戰敗，台灣少年工的求學夢、航空技師夢全部破碎，戰前在日本受盡苦難的台灣少年工，戰爭結束回到台灣後，又立即面對另一個更加險惡的環境，那就是一九四七年二月二十八日蔣介石軍隊的大屠殺。剛回台不久的陳清順前少年工，正要準備開始新人生時，竟在二二八事件中遭到槍決，隨後從一九四九年開始，一直到一九八七年為止，台灣再遭遇到世界最長的戒嚴時期。苦難的日子始終像幽靈糾纏著台灣人，好不容易等到解嚴的那一年，前台灣少年工迫不及待在台成立「台灣留日高座同學會」（簡稱台灣高座會）以紀念當年的歷史，和作為「同學」或者說是「戰友」的聯絡平台。

台灣少年工雖然在日本只有短暫期間，但是「遠離家園三千里」的少年工在日本所培養出來的是不屈不撓、刻苦耐勞的精神，特別是他們學習到的機械技術對後來的台灣經濟有不小貢獻。台灣高座會成立後，全台二十個分會每年輪流舉辦各種集會，也非常珍惜在日期間與日本友人建立的情感，日本方面對台灣少年工對日本的貢獻有極高肯定，也成立「日本高座日台交流會」，作為對應窗口，把前台灣少年工視為是「台日間的緊密連結」。

老淚縱橫領到六十年前的畢業證書

一九九三年在日本神奈川縣座間市舉行台灣少年工五十週年紀念大會，在該次大會上，共有一千兩百位前台灣少年工參與，戰前十三、十四歲的少年，這一年已經接近七十歲。再過十年的二〇〇三年十月二十日高座會六十週年紀念大會，年齡都在七十五歲上下的前台灣少年工，來日本的只剩下六百多人，歲月的流逝讓少年工更加緬懷過去，對前台灣少年工而言，六十週年紀念大會具有無比重要的意義，因為日本政府要補發他們已經等待六十年的畢業證書和在職證書，嚴格來講，這一年的再會也可以說是他們的「畢業典禮」。

當時已卸任三年的李登輝總統在書面致詞中表示，「台灣高座會無論質或量，都是強固聯繫台日關係最大的一個組織，他們戰前在日本所學到的技術也成為戰後台灣復興的原動力」，這一天日本厚生省準備了三十九份「畢業證書」和一千多份「在職證書」在大會上頒發。因為戰爭結束、日本陷入混亂，根本無法即時頒發畢業證書或在職證書，而讓少年工等了六十年，厚生勞動省的官員對此也在大會上表示深切歉意。

大會上，當前台灣少年工全體合唱〈驪歌〉（蛍の光）和〈青青校樹〉（仰げば尊し）時，

戰時台灣少年工闊別六十年，終於拿到日本畢業證書。

在現場採訪的我看到已經超過七十歲的歐吉桑有的在拭淚，有從緊閉雙眼流出淚水。其中一位彰化來的前少年工哭紅老眼，這是我在採訪人生看到最令人感動的一幕。

厚生省官員在台上陸續唱出前少年工的名字時，除了流下感動的眼淚，有的則是張開雙手三唱萬歲。當時一共有三十六名少年工拿到六十年前就應該拿到的畢業證書。至於這些人在日本究竟學到了什麼呢？高座會六十週年紀念大會中，桃園縣的許清其說，「我學到的是真正的日本精神，日本魂就是愛國精神，這不是日人的專利，台灣人需要的就是這一種愛國精神、愛台灣的精神」。

已經七十五歲上下的前少年工，拿了畢業證書或在職證書，對生活和工作不會有什麼幫助，但是，「這是我們一生的榮耀，更是人生的重要戳記，意義非常重大。」這是同樣來自桃園的張武松的回答。沒錯，至少可以秀給小孩或孫子看，告訴他們「阿公嘛是日本的學校畢業的啊」，真的有夠神氣。

高座會的前少年工有不少人戰後曾經幾度訪日，也到訪以前待過的座間市工廠舊址，但也有戰後六十年從未再踏上日本土地的人，台中市的林永盛就是其中一人。當我問他隔了六十年再到日本感覺如何時，張永盛大約一分鐘說不出話來，只見他豆大的眼淚落下，最後他用日語說了一句「感無量」（感慨萬千）！

扮演台日友好關係的重要角色

當年七十三歲的徐東川是嘉義縣新港人，十四歲時來日本，他說在日本的兩年，是他一輩子無法忘記的人生烙印；日本戰敗後，他是以戰勝國人民的立場、用戰勝國的榮耀心情，高興地回到台灣，但是在基隆碼頭，他看到的居然是一群密密麻麻穿著草鞋、背著鐵鍋和一支破傘從「祖國」中國來的「國軍」。他不但非常失望，一股熱烈的望鄉心情突然降到冰點，只想好好再讀一點書；又碰到二二八事件，為了逃命，只好放棄讀書念頭。這次六十年後再到日本，「感覺是回到自己的故鄉，心情特別愉快」，他反問我，「戰勝國和戰敗國到底如何區分？」

彰化縣籍的蔡天開也是六十年來首次再訪神奈川縣座間市，他很直率地說，「我認為日本就是我的第二故鄉」，他強調日本政府教人民要愛國、要守法，更要講道義，「但是戰後幾十年的國民黨政府到底教了我們什麼東西？」

二〇一八年十月二十日，日本高座日台交流會在神奈川縣大和市舉行七十五週年歡迎大會，由眾議員甘利明擔任會長，因為前少年工的年齡都在九十歲上下，行動上有其困難，日本高座日台交流會會長石川公弘把台灣高座會留日七十五週年歡迎大會視作最後一次活動，受到日本社會的重視。日本李友會會長渡邊利夫、眾議員城內實、大和市市長大木哲，台灣駐日代表謝長廷、台灣高座會會長李雪峰、副會長何春樹等人都出席這次盛會。

在七十五週年歡迎大會中，擔任大會實行（執行）委員長的日本高座日台交流會會長石川公弘如此表示，他與前台灣少年工的七十五年高座友情極其堅固，當時內心善良的台灣少年工歷經在日本的苦難日子回到台灣後，又遭遇到無情的二二八事件，他聽到前少年工陳清順在事件中遭到槍決，對所有關心前台灣少年工的日本人是何其衝擊，簡單說：「我的人生就是一部台灣人生。」

大會會長甘利眾議員也強調，台灣少年工在日本克服接二連三的苦難，對日本和台灣的友好親善付出了最大的貢獻，他在此對前台灣少年工的辛勞表示最高敬意。對於前台灣少年工在台日友好關係所扮演的無形角色，前台灣總統李登輝在二〇〇三年的六十週年紀念大會中也有過如此的談話：「台灣高座會是目前台日關係的一個重要臍帶」，李登輝也希望所有台灣人應該給這些前少年工更多的精神補償，讓他們有更多力量在台日民間關係上做最後的貢獻。

對前台灣少年工而言，日本的確是他們的第二故鄉，一九九三年六月九日，台灣高座會留日五十週年時，前少年工在神奈川縣大和市贈送一座台灣式六角涼亭，這座涼亭的地點正是當年美軍大轟炸時，六名台灣少年工中彈犧牲之處。四年後完成，命名為「台灣亭」。在當年十月二十二日的落成典禮，包括從台灣來的四十人，共約有兩百五十人觀禮，

台灣高座會的前少年工捐贈的台灣亭。

其中日本高座會會長吳春生是戰後美軍的翻譯官，在贈亭儀式上，吳春生也邀請他的上司美軍瀨谷基地司令官布萊德雷中校，以及其他美國海軍將官出席「台灣亭」的贈亭儀式。

這一座「台灣亭」後來成為前台灣少年工與日本之間緊密友情的象徵，在七十五週年大會中，又在當地樹立一座「台灣少年工顯彰碑」，前台灣少年工和日本民間的情誼連結不是一般人所能想像，這些人戰前對日本的貢獻，以及他們在日本所面對的苦難日子，從戰後到現在的七十多年來，從未被具有正義與良知的日本人所忘懷，他們對目前台日民間的緊密關係具有重要貢獻更是不容否認。

台灣少年工顯彰碑。

台日民間關係的新里程──櫻樹返鄉會成立始末

二〇一九年十月十九日下午，台灣和日本民間具有代表性的人士集合在東京港區明治記念館，展開一項未曾有過的嶄新交流活動。日方主要的出席人士有安倍首相的母親安倍洋子夫人、外交評論家加瀨英明、林原電視頻道社長濱田麻記子等，台灣方面則有前政務委員黃石城、台灣駐日代表謝長廷、前駐日代表許世楷、全日本台灣連合會會長趙中正等人，另外還有大約五十位關心台日關係的友人，在現場見證兩國民間無法分割的新連結（絆）的開始。

昭和天皇還是皇太子時代的一九二三年四月十六到二十七日，以攝政宮皇太子的身分到日本統治之下的台灣行啟，曾經到草山溫泉（現在的陽明山溫泉），下榻草山賓館。當地民眾事先在皇太子預定經過的道路兩旁種植櫻花樹，以表達歡迎之意，裕仁皇太子在此期間也曾在現在的成功大學（當時為日軍部隊屯駐地）校園手植榕樹，更在目前的屏東糖廠種植瑞竹，現在仍然知道上面這段歷史故事的人應該不多。

櫻花返鄉．台日友誼加溫

今年四月日本改元，從平成進入令和時代，日本政府在改元前也陸續公布平成天皇退位與新天皇即位的時程，台日沒有外交關係，這些活動台灣官方都沒有外交管道可提出正式的祝賀行動。雖然沒有邦交，但是兩國人民仍然保持密切的往來，台灣人要如何才有機會能分享日本改元的歡慶氣氛，或者是應該如何表達對日本新天皇即位的慶賀之意，的確是一個難題。

今年春天，我與外交評論家加瀨英明在一次談話中，聊到有關日本新天皇即位的話題。我對加瀨先生提到是否可以讓當時皇太子在台灣種的樹苗返鄉回日本，不但當場立即獲得加瀨先生認同，也表示全面支持。

這個構想的靈感其實是來自去年，產經新聞推動戰前日本帝國海軍大將東鄉平八郎在英國留學時代住處庭院的一棵銀杏樹返鄉運動在日本造成轟動。如果讓昭和天皇皇太子時代在台灣種植的櫻花樹、榕樹、瑞竹也能返回日本，那多美好，而且對台日民間關係有很大加分。

七月中，和駐日代表謝長廷、安倍首相母親安倍洋子夫人等人的一個餐會上，我再度提出，安倍洋子夫人也表示非常歡迎，甚至很快就口頭同意擔任「櫻樹返鄉會」的日方名譽會長。此事就這樣變成我的第一要務，必須儘速積極處理的「大事件」，來得非常突然和快速。

尋櫻行動

在這個時間點，我只知道裕仁皇太子台灣行啟時種樹，至於櫻花種在陽明山什麼地方，榕樹與瑞竹分別種在什麼地方，沒有完全把握。諸事繁雜，真不知從哪裡開始進行，例如，既然有安倍首相的母親作為日方「櫻樹返鄉會」名譽會長，台灣也要有一位身分相當的人做台方「櫻樹返鄉會」的名譽會長；雙方也還要各有一位願意當「司令官」的會長，後來日方會長由加瀨英明先生擔任、台方會長則拜託前彰化縣長、政務委員，目前是台灣傳統基金會會長的黃石城先生擔任。我也聯繫台灣對「櫻樹返鄉會」運動有興趣的朋友，但是首先必須訂下兩個原則，第一是這個會的參與人士必須是完全沒有官職的民間人士、

贈呈儀式。

贈呈儀式與會貴賓合照。

第二是這個會絕對不對外募資，完全由參與人士各自負擔必要的開銷，包括我來回台日兩地的交通費和住宿費，都是自行負擔，這兩個原則也分別向所有的參與人士報告。

由於必須在十月二十二日新天皇即位禮之前敲定所有事情，不到兩個月的期間內，我和日台雙方的朋友快馬加鞭，迅速在黃石城會長的全面協助下，總算向擁有裕仁皇太子在台灣的櫻、榕、竹的單位要到分株同意書。由於樹苗出口到日本必須接受數個月到一年的檢疫，台灣「櫻樹返鄉會」只能先將準備送返日本的樹苗製成「目錄」，贈送給等待接受的日本「櫻樹返鄉會」，樹苗檢疫通過後再正式由日方選擇適合移植的時間和地點舉行植樹儀式。

選定十月十九日在東京明治記念館舉行目錄贈呈儀式，是與日本的記者朋友經過盤算後決定。因為十月二十二日將舉辦新天皇即位禮，如果在即位禮當天或之後，才將目錄贈交，就無法引起日本媒體注目，而且十月二十日開始東京都心也會有大規模交通管制，因此決定在即位禮之前的十月十九日舉行。

這一天代表台灣民間「櫻樹返鄉會」到日本贈送目錄的，除了前面提到的幾位人士，還有台灣之友會理事長黃木壽、八田與一基金會常務董事邱貴。最可貴的是，黃石城會長

八田基金會常務董事致贈安倍洋子其親繪畫作。

的聯繫下，不但獲得曾文惠夫人同意出任台方名譽會長，出發到東京的前兩天也拿到曾文惠夫人的賀電電文。透過在日本執業的台籍醫師宮田功健先生聯繫，前總統陳水扁的賀電也到手，同時，也是作曲家兼畫家的八田基金會常務董事邱貴小姐居然畫了一幅安倍首相和母親安倍洋子夫人的大油畫，從台灣帶到東京明治記念館會場親手贈送給安倍洋子夫人，成為目錄贈呈儀式的最大驚喜。

戰前日本皇族，包括一九二三年當時的裕仁皇太子在內，約有三十幾人到過日本統治下的台灣訪問。所有訪台過日本皇族在台所走過的路程與住宿地，都有詳細記錄的書籍，可惜台灣與日本皇室的交流只到戰爭結束為止。戰後，日本皇室與台灣可說完全「失聯」，昭和天皇於皇太子時代在台植下的樹返鄉，是否成為今後日本皇室與台灣重啟交流的新起點，無疑受到台日民間的期待。如果說日本天皇的訪台可能性極低，但是可從已婚脫離皇籍的皇室女性成員開始，應該有更大的可能性。日本皇室成員不可能完全沒人想到台灣旅遊，只能說受到政治環境限制而已，「櫻樹返鄉會」不僅是一個台日民間新臍帶的開始，最大目的是期待日本皇室成員和台灣能有一個新交流，就如安倍洋子夫人在致詞中所說，「希望今後日台雙方的民間友誼能更長、更久」。

台灣並非自願接受日本統治五十年，儘管如此，台灣人民仍細心地照顧皇太子在台手植的樹木，近一百年來，讓它從成長到茁壯，由此可以看出台灣人民的善良。

日韓緊繃關係的對照組

近年來韓國與日本的關係陷入空前低潮，二〇一八年八月二十日韓國媒體報導，韓國國會周邊一百二十多棵原產日本的樹木全部遭到砍伐，只因為這些是伊藤博文的紀念植樹，韓國文化財政廳認為這是日本統治時代象徵。不僅如此，更令人失望的是，二〇一六年八月二十五日韓國《中央日報》報導，在韓國太白山上共約五十萬棵的日本產落葉松，韓國政府將在二〇二一年前，以約四十五億韓元（約合新台幣十二億元）的預算全數砍伐。這些落葉松是一九〇四年日治時代，因為當地的紅松成長慢，落葉松成長快，而從日本運到太白山，作為將來開挖掘炭坑使用的坑木，

韓國方面的說法是，砍伐這些落葉松換植韓國在來種的紅松，「是要讓民族靈山重新甦醒」，其實主要是因為這些樹木是日本種！戰後日韓關係始終沒有好轉，在目前親北總統文在寅的領導下，所有日本的東西無不遭到抵制，連日本產的樹木都遭殃。

在台灣民間人士決定將昭和天皇皇太子時代，於台灣的植樹樹苗送返日本故鄉時，加瀨英明接受我的專訪時如此表示，「當日韓關係始終惡劣，韓國全面砍日本人種的樹，台日關係也曾有低潮的時候，但是台灣民間不但沒有砍日本人種的樹，反組成『櫻樹返鄉會』，準備將日本種的樹送返故鄉，這是多麼美麗的故事，完全凸顯出日台民間堅固的友誼，無法分割」。

同樣受過日本統治，同樣是和日本相關的樹，台灣人把這些樹木照顧得高大、茁壯，

這是一種心存感謝的宗教型善心。常常以「小中華」自居的韓國，則編列國家預算大砍日本樹，這完全是以「恨」為出發點的獨裁主義，台灣人的想法接近於日本，而韓國人的想法則接近於中國；台灣兩千三百萬人口，每年到日本觀光有五百萬人次，平均每五人就有一人到日本旅行，連續幾年調查哪個國家是台灣人民的最愛，答案都是日本排第一。

台灣人最喜愛的國家為什麼不是中國或韓國呢？最大理由當然是中國是隨時想併吞台灣的敵國，始終對台灣軟硬兼施，一方面對台灣人說「我們都是同胞」，另一方面又用超過千枚的飛彈對準他所說的「同胞」；一方面全面打壓「同胞」的國際生存空間，另一方面又以金錢收買地痞和廟公，擾亂台灣內政。這種國家台灣人可能會喜歡嗎？

今日香港．明日台灣

目前香港發生長達半年以上的學生示威遊行，為的只是爭取英國殖民以來一貫的自由和法治，不惜犧牲學業、工作和生命，每天走上街頭抗爭。台灣也經常有遊行聲援香港年輕人爭自主的運動，申請移住台灣的香港居民因此爆增，因為台灣人民享有香港人所期待的自由和法治，誰曾看過有香港人在香港群眾運動發生後，申請移住中國的報導嗎？自由與專制哪一種制度受到歡迎？答案極為明顯。

台灣長久以來並不需中國點頭，一直過著自由民主的生活，忽然間，中國要台灣答應成為其「一部分」，才能繼續所謂「一國兩制」的生活方式，世間有這樣麻煩的事情嗎？如果共產黨的制度比台灣的還要迷人，台灣人一定自動投靠，中國就沒必要砸錢收買地痞廟公為其宣傳，香港也就不會有今天的悲劇，所謂的「一國兩制」，說穿了就好像是色狼想要誘姦良家婦女的迷魂藥。

中國是擅自複製世界品牌的慣犯，連美國的「American dream」也被抄襲為「中國夢」（China dream），不斷強調中華民族偉大復興。世界民族分類上，有漢族、滿族，在歐洲也有日耳曼民族等，並沒有所謂的「中華民族」，中華民族是約一百年前梁啟超發明的，梁啟超擅自將漢族變更名稱，自己宣稱中華民族就是指漢族，也就是說「中華民族」是創造來的，同時又把滿蒙回藏各族放在一起，通通稱為中華民族，中華民族只是一個概念而已，並非是一個民族。此後卻被獨裁者拿來作為統治工具，台灣拒絕中國的「一國兩制」就是拒絕中國的所謂「中國夢」，否則台灣人可能和香港人一樣，天天在幾個大城市和中國派來的警察互丟汽油彈和催淚彈。

台灣人遠離獨裁中國，接近擁有相同價值觀的美國和日本非常合邏輯，很多日本朋友曾問我，為什麼台灣人喜歡日本而不喜歡中國呢？我的答案是，除了政治體制上的理由，最重要的因素是親近感。單純的說，在台灣的四百年歷史中，不管好壞，台灣人畢竟有五十年的歲月和日本人吃同一鍋飯，而中華人民共和國自一九四九年建國，哪一天曾經來過台灣和台灣人站在一起？七十年來不都是一直在恐嚇台灣嗎？從過去的「血洗台灣」，到現在的「一國兩制」，每一齣戲碼，中國演的都是「中央」，台灣只能演「地方」的角色。這樣下去，如果還有台灣人靠過去，那這個台灣人不是白癡，就是傻瓜，要不然就是精神上出了毛病。

我邀請日台雙方共同推動昭和「櫻樹返鄉會」的一開始，就堅持完全只由雙方民間人士參與，期間也曾有有人推薦台灣方面由「台灣之友」會長黃崑虎先生擔任會長，但是黃崑虎後來自己辭退會長的邀請，理由是他還有國策顧問的職務，算是公職。這種考慮完全正確，這段時間又逢總統大選，競選活動頻繁，萬一被親中勢力拿來做文章，惡意宣傳櫻樹返鄉根本是台灣人捧日本的工具，甚至把這些親日、知日的台灣人士醜化為日本「皇民」，那就失去了原本是台日民間友好計畫的真正意義。因此這次計畫全由民間推動，不讓任何人有批評的餘地。

民間人士推動的「櫻樹返鄉會」第一階段的目錄贈呈式已經如期完成，接著就是把預定送返的樹苗運到日本通過檢疫，由日方推動「櫻樹返鄉會」的人士將象徵日台民間友好的櫻樹、榕樹、瑞竹幼苗在適當的時間，種在具有意義的地方，然後讓這些幼苗像九十六年前在台灣一樣，也能在日本代代傳承，讓台日之間嶄新的連結（絆）永遠持續。

第三章
台日四十年近代史的目擊者

初抵日本新世界

一九七九年十月初，我帶著老婆、六歲的大女兒和兩件大行李，從桃園搭機抵達大阪的伊丹機場（那時尚未有關西新機場），我們夫妻倆臉色緊張且不安，才六歲的女兒看起來也像待宰羔羊。剎那間，忽然有點後悔離開家鄉到日本，畢竟這是我初次離開台灣，和家人在完全陌生的國度展開新旅程，對我來說，日本是我的新世界，那種惶恐和不安的心情沒有身歷其境大概無法體會。

來伊丹機場接我的是曾在台灣製造環境汙染調查用機器的日本人吉村先生，他很親切地開車把我們接到距離不遠的寶塚市，他的住家是在寶塚市郊區一處非常閑靜的住宅區。當時的我來看，這個社區的每戶都非常高級，至少我在台灣沒看過。約有一週時間，吉村夫人每天用心做精緻的早餐，和我們一起共享，我意識到吉村夫人想盡量讓我們趕快消除初抵異國的不安，早點適應日本人的生活和習慣，她和吉村先生的用心良苦，的確讓我們對陌生環境的不安減少很多。

吉村先生不但帶我們去觀賞世界有名的寶塚歌舞表演，因為他很喜歡賽馬也帶著我一起去看；白天非常積極地帶我到處找房子，畢竟我們不能長期賴在吉村家裡。這是我的新煩惱，因為當時的日本社會和現在比起來，還是相當保守，找了很多處的不動產仲介，即使看到不少中意的，但大都要面對一個關卡，就是他們不想租給外國人。有些不動產貼在櫥窗出租廣告上的出租對象，甚至寫著「外人（外國人）和寵物不可」的文字，把外國人寫成「外人」，而不是「外國人」，又和寵物連在一起，看起來就有非常強烈的被歧視感。

時間很快又過了一週，我也覺得不能一直在吉村家裡混下去，以免增加他們的困擾。最後終於在大阪與京都中間的茨木市車站附近找到一處合適的公寓，茨木市是七〇年日本萬國博覽會的主辦地，正好是大阪和京都中間的小型城鎮，坐阪急電車到大阪或京都都只要十幾分鐘，我到京都大學上課或準備到大阪打工都非常方便。

那時租的房子是在日本稱為「Mansion」（マンション），屬於規模較大、較高級的中高層集合住宅，當時每個月租金是日幣四萬八千圓，以現今物價計算，約是三、四十萬日圓或更高，不是一般公務員或受薪階級住得起的。這不是因為我有錢，而是我傻，不知道還有更便宜、日文稱為「文化住宅」（「Apartment House」，アパート）的房子，加上急於安頓，很快簽約。除了當月租金、一個月租金的手續費，還付了十個月租金的押金。依據合約，押金在退租時可以拿回來，但是後來有日本人告知，這種押金在退租時大都會被以清掃、粉刷、復舊、折舊等名義，最後被扣到一毛錢都拿不回來。

幾乎被高級Mansion整慘

我要到京大留學前，在台灣和老爸鬧得很不愉快，並非因為留學花費的問題，而是我當時還有一個一歲的小兒子。我計畫帶著六歲的大女兒、一歲的小兒子，一家四口一起到日本生活，反對的老爸認為我發瘋了，老爸和媽媽戰前都是在日本留學，知道在日本沒有兩把刷子，即便一個人也不是那麼簡單就能混下去的，遑論帶著一家大小，因此堅決要我隻身先赴日本，看情形再帶家人。可是我結婚以來從未離開家人單獨生活，後來老爸只同意我帶老婆和女兒出發，至於留學費用，老爸當然不會援助，他也沒有多餘的錢可以給我。因此我只好先帶老婆和大女兒來日本，把小的留在台灣交給爸媽照顧，等安定之後再帶來日本。後來我才知道爸爸並不是反對我到日本留學，而是捨不得我同時把他們的兩個金孫帶走。

至於留學費用，則在友人的保證之下，利用我在台中市的土地以免擔保的信用借款名義向銀行貸到新台幣五十萬，當時合日幣大約不到三百萬圓。移居茨木市的公寓最初的一個月覺得還不錯，因為我沒有想過日本的昂貴物價。兩個月後，發現錢包迅速癟下來，而且還和老爸冷戰中，得不到家裡奧援，這才覺得有點快撐不住，加上日語不流利，當然找不到可以打工的地方。每天除了到學校，都在家裡發呆，度過惶恐不安的日子；但是飯還是要吃，用餐時間一到，就帶著妻女到茨木車站前的一家叫做「双葉食堂」的平價餐廳吃最便宜的定食。

双葉食堂的配菜例如烤魚或炸豬排等，全部放在一個玻璃櫃內讓客人自取，坐定後，店家會問客人白飯要大的、中的，還是小的，食堂客人都是學生或當地上班族，多半是常客，像我這種新面孔的人很少。店裡通常只對客人說，大中小？三個字，意思便是詢問白飯份量是，我們第一次到店裡吃飯拿了菜後坐在櫃檯前，裡面的老闆娘用很快的日語對我說，「大中小？」可是我完全聽不懂她說的「大中小」是什麼意思，也沒有心情思考，當然也就沒有回應。老闆娘看我沒有回應，只好隨便端出三碗飯，吃完後我們就離開了，第二天我們又來，和前天同樣的事情再演一遍，到了第三天，老闆娘實在忍不住，她問我是從哪裡來的？我說是台灣來的，這位叫做吉野真知子的老闆娘立即親切地說，她正在大阪大學醫學院念書的兒子剛從台灣回來，在台灣的 Home stay 家庭對他百般照顧有如自己的兒子，現在碰到台灣人特別有一種親近感，報答台灣的機會終於來了。

遇到日本「救世主」

隨後吉野真知子問我有沒有什麼需要協助的，這時我好像遇到救世主，直接告訴她，我現在的住處房租偏高，想搬到更便宜的地方，能不能請她介紹。真知子聽完和先生也就是店老闆的吉野一巳商量後，告訴我說他們有一位也住在附近、叫做上出政夫的親戚，經營工務店（建築業），名下一幢老舊的文化住宅現在有空房，如果不嫌老舊，可以搬到那裡，一個月租金只要日幣七千圓。七千圓和四萬八千圓比較，只要七分之一，我立即決定搬家，這是我到日本初次認識的日本人，吉野一家後來成為我在日本的恩人。

由於一家之主的吉野一巳比較木訥寡言，大都由太太真知子用筆談和我溝通，後來真知子告訴我，她第一次看到我帶家人到店裡吃飯時，問我「大中小」，而我沒有回答，整個用餐過程也幾乎沒有聽到我說話，最初以為我是啞巴；但是第二天有看到我在和太太交談，但不是日本話，她還注意到我和太太無助的表情，第三天才問我是哪裡來的，這個緣分可說是我四十年日本生活的第一步。

搬到上出政夫的「文化住宅」，還真的讓我嚇了一大跳，因為實在太老舊了，極為單薄的牆壁還有幾個小洞能從裡面直接「透視」到外面的風景。當時正好是最冷的十二月，刺骨寒風從小洞一波波吹進來，幾乎招架不住，最直接的方法是用衛生紙揉成一團一團把小洞塞滿。住了幾天後，有一天早上，家裡收納棉被或衣物的壁櫥（押入れ）上方突然像海水倒灌，原來壁櫥上方的天花板壞掉，在二樓房客的洗衣水就這樣灌下來，可見這裡有多破爛，但是想一想，這個破窩的租金只有我原來租屋處的七分之一，心裡也就很泰然。

剛搬入時吉野問我缺什麼，我誠實告知現在只有兩個超大帆布袋裝我們一家三口的衣物，其他什麼都沒有。吉野要我不必急著買，我不懂她是什麼意思，後來吉野一家人居然送我電視、冰箱、棉被、毛毯、洗衣機等生活必須品，雖然都是二手的，但對我而言是如獲至寶，我真的不知道如何該感謝他們一家。

第二位「救世主」降臨

從高級豪華公寓搬到老舊不堪的文化住宅隔天，房東上出政夫問我還有沒有什麼問題，我每天煩惱先前的押金拿不回來，他既然問了，我就老實告知，和之前房東解約時，仲介的不動產不退還押金（近五十萬日圓）一事。上出先生問是哪一家仲介，回答後上出先生立即打了一通電話，交談兩三句之後他就在電話中很大聲好像在和對方吵架；因為是日語，當時的我聽不懂他在說什麼，最後只聽懂上出先生以超大音量說「馬上拿過來！」（早く持ってこい！）然後就掛上聽筒。大約半小時，有一位西裝筆挺的年輕人緊張地來上出工務店按電鈴，從西裝口袋拿出一個信封，很有禮貌地交給上出先生，又被上出先生劈里啪啦數落一陣後畢恭畢敬離開，信封內裝的竟然是原來討不回來的押金，金額是四十八萬日圓。

後來我才知道日本地方上的工務店大都和道上朋友有交情，上出政夫又是茨木市的地頭蛇（這樣說有點不敬），強龍不壓地頭蛇，後來才到茨木市的新興不動產公司自然不會得罪當地的同業前輩，上出先生為我伸張「正義」幾乎再度讓我感激落淚，這是我到日本短時間遇到的第二位貴人。

我在茨木市遇到吉野一家和上出一家，簡直像是天方夜譚的奇緣。首先是吉野一家的長男吉野祥一到台灣受到台灣人的照顧，我又很巧地到吉野的食堂吃飯，莫非這是上帝的安排。上出政夫的一條命甚至還是從台灣撿回來的（容後詳述），剛到日本的這些際遇，一直讓我記憶深刻。

搬到上出老舊的文化住宅一、二個月後也就慢慢習慣，剛開始家裡沒有浴室，幸好隔壁有一家「錢湯」（公共浴室），幫我們解決洗澡的問題；但是家裡的廁所還是那種「噗通」一聲的糞坑式廁所，這一點比較難以適應，常使我萌生搬家念頭，可是想到錢的問題就馬上打消。幾個月後，上出先生看我如此艱難，說要把「噗通」廁所改裝成抽水馬桶，同時增設一間小浴室，但每月租金要加三千日圓，問我是否同意。當時我已開始打工，手上有點小收入，當然同意，我和台灣的老爸冷戰也化解了，父母不但理解我，甚至同意我回台把小兒子也帶到日本團圓。當我在桃園機場把小兒子領進出境區時，兩老不斷落淚，這時我才真的體會到父母起初不希望我到日本留學的真正理由為何，那時我也只能安慰他們，希望他們也能早點到日本玩。

過了一小段時間，兩老真的一起到日本我住的地方看看，在和我們一起吃飯時，媽媽看到飯菜都是放在舊紙箱上，連一張吃飯的桌子都沒有，突然老淚縱橫，我也跟著流淚。但是我告訴兩老，現在是在留學，只是暫時的，不要傷心，以後日子會更好的，就這樣算是勉強安定下來。

終於找到新「職業」

搬到上出先生的文化住宅後，太太到「双葉食堂」老闆女兒開的咖啡館打工，我也忙著找地方賺點生活費。看到一家麥當勞在徵求「人材」，我也覺得自己是「人材」，就鼓起勇氣應徵，沒想到年輕的店長一下子就說ＯＫ，要我明天就來，臨走前我向店長確認是不是在前台賣漢堡，店長直接說「不是」，櫃檯都是附近十八歲的高中生，因為我「太老」了，只能在後廚煎漢堡、烤麵包，關門後還要洗淨全部的不鏽鋼廚具，每天深夜兩點以後才能回家，當時我才三十歲，第一次被人說太老了，心裡超不服氣，也超不平衡。

有次在深夜兩點下班前，店長看我每天都做到這麼晚，拿了兩個漢堡給我；他說這是剩下沒賣完的，照規定要丟到垃圾桶，但我們是自己人，就拿回家當點心吃。我拿回家後並沒有當消夜吃掉，而是省下來當隔天早餐。也有過口袋只剩三個十圓硬幣，買一張車票都不夠，只好走了三個車站的距離回家，回想當時那種好像活在地獄的窮苦，現在的生活可說是在天堂。

有天，上出先生突然找我到他的事務所喝茶，邊喝他邊說，他的身體是日本人，其實身上流的血液是台灣人的。戰後三十五年來他一直在尋找救命恩人，但是都沒有結果，他知道我曾在台灣做過記者，看看能不能透過媒體尋找救他一命的台灣恩人。

上出政夫的救命恩人是台灣人

一九四四年，二十七歲的上出政夫是日本陸軍一等兵，當年十二月與編號「武一二一四」的兩千人部隊在基隆港上岸，這支部隊原來是奉命經由台灣到菲律賓支援，由於海上風浪強大，先暫時駐紮在桃園大溪基地。沒想到翌年的一九四五年二月，遭到美軍猛烈空襲，炸彈碎片穿過上出身體的四個部位，他被送到當時的「台北陸軍醫院大溪分院」，由於大量出血，不立即輸血就有生命危險，當時負責上出病房的一組實習護士中一名年約十八歲的台灣護士，一共四次把自己的血輸給上出，換句話說，這名護士用她自己的血保住上出一命。

當年八月十五日日本投降，上出也回到日本，從那時開始他就一直都在尋找救他一命的恩人，好幾次親自到台灣大溪、北投的野戰醫院打聽消息，但都沒有結果。上出只記得這位救他一命的台灣護士留著學生型短髮，年約十八歲，他的隔壁病床是一位叫做「謝阿芳」的二等兵戰友，我也注意到上出在講這段故事時，不斷用手帕擦拭眼角。

雖然以前曾在《中國時報》幹過五年記者，那時我已經留職停薪到京大念書，想要寫新聞也沒有舞台。一九八三年我到東京任職《台灣日報》駐日東京特派員後，仍然記得這件事情，也再次到茨木市造訪上出先生，一九八六年在《台灣日報》寫一篇專題報導這個「再造之恩，情重如山」的故事，但一直沒有得到音訊。後來上出也告訴我，戰後他始終找不到救命恩人，但是他決心把報恩之意回轉給台灣人，而那個人正好就是我。

吉野一巳的兒子吉野祥一到台灣被接待家庭待如親生之子，一直想要回報，而上出政夫的救命恩人竟然也是台灣人，我只因為想找便宜的住家，竟然會和他們認識，這豈非是上天安排！八三年之後我以《台灣日報》駐日特派員的身分開始在東京採訪新聞，八八年到九〇年我有幸作為《產新新聞》的社外評論撰寫人，每月固定刊載兩次〈來自鄰人〉的小專欄，在八八年六月一日「來自鄰人」的第一次專欄中，所寫的內容就是感謝吉野一家人對我的恩義。

如今茨木市「双葉食堂」的老闆吉野一巳、老闆娘吉野真知子，和上出工務店的老闆

悲歡離合總無常．救命之恩同再造

日人上出政夫尋找四十年前一名救命護士芳踪

（本報駐日特派員張茂森）

筆者曾為日本恩人上出政夫撰寫尋找台灣救命恩人的新聞。

上出政夫都已過世，但是我從他們那裡最先學到的就是以愛待人、知恩圖報的慈悲心，這也許是支持我以後持續在日本四十年的原動力。

與珍珠商人擦肩而過

到日本一年後的八〇年秋天，朋友介紹我到大阪一家規模還不算小的珍珠公司打工。當時台灣才開放自由出國觀光不久，一團又一團的觀光客不斷湧進日本，歐吉桑忙著到免稅店買藥，歐巴桑則拚命到珍珠店買珍珠，大採購的盛況就像近年中國觀光團的爆買。

那家珍珠公司有一個海外市場開發的部門，他們也看準台灣觀光客對珍珠飾品的需求，所以急著要找一個懂中文和日文的人員應對，因此我很快就被他們雇用，主要工作是翻譯和推銷，當時我的日文雖然還不是很流利，尚勉強可以應付，每個月的營業額不斷刷新。那時負責我這個所謂海外市場開發部門的部長是一位大約五十歲，叫做柚木信也的日本人，我們兩人是像一對難兄難弟，兩人一組偶爾到台灣觀光客住的飯店接客人到公司看商品，觀光客如有要求，我們也會把商品直接帶到飯店。

由於我在珍珠公司打工，必須學懂一些基本的專業，例如，怎麼樣判別珍珠的真假和價格如何設定，有時也會到伊勢灣珍珠養殖現場看如何選別、哪種才是可以上商品櫃的原珠。當時一個中型公司的部長月薪大概是日幣三十萬圓，而我的底薪只有十萬日圓，但所採用的是「步合制」(抽成制)，營業額越多，拿的就越多。

我在台灣有一個姊姊認識一位超喜歡珍珠的富婆，幾乎一兩個月就會叫我帶珍珠「出差」到嘉義讓她選購，每次她都向我買日幣一、兩百萬圓的貨品，多的時候也曾經超過三百萬圓，因此我常拿到至少三十八萬日圓的月薪，幾乎超過部長所得，和剛到日本在麥當勞打工的所得比較，簡直是天堂與地獄。我真的要感謝台灣來的歐吉桑和歐巴桑觀光團，我也一度認真考慮畢業後就留在大阪從商算了，不要回台灣重操舊業繼續幹一個窮光蛋記者。

有GUTS的台灣歐巴桑爲我「伸張正義」

八二年底，有一位隨觀光團來買珍珠的有錢歐巴桑，在我們店裡看中一枚周圍鑲碎鑽的黑色大珍珠戒指，訂價是日幣一百八十萬，她一口氣砍到一百萬，講了半天當然沒有成，這位富婆也就離開。傍晚歐巴桑再打電話，說她很想再看一下商品，希望我們能帶到下榻的大阪國際飯店讓她再看一看，我的部長柚木信也當然很高興，立即帶著這個大黑珠戒指和我一起到飯店，她看到我就表示非常喜歡這個戒指，再加個十萬圓能不能賣給她，部長想了一下狀似勉強地說，這是特別的個案，下不為例，就一百一十萬圓吧。部長眼看這筆交易底定，突然神威大發，當場劈里啪啦把我罵得狗血淋頭，搞得我滿頭霧水，他當場指責我的日本話都沒用敬語，我想他的用意是在打自己人給外人看，表現一下部長架勢，可是沒想到這位歐巴桑聽得懂日本話，當場不客氣地回嗆部長：「張先生這個年輕人能用日語做生意已經了不起了，你怎麼能這樣罵他呢！這個戒指我不買了。」

歐巴桑成為我的「正義代言人」，真的是有Guts！可是這筆生意卻泡湯了，所以部長對我的憤怒可想而知，兩個人一語不發回到公司，部長在辦公室繼續大聲地把我當孫子罵，忍到最後我的怨氣也大爆發，出其不意用力拍桌，指著部長說，我用這樣的日語就替公司做了那麼多生意了，為什麼還要這樣侮辱我，如果你也能說一句中文或台語，那我就叫你爸爸好了！我幹到今天為止！這時公司所有人都站起來以為發生什麼大事，說完後我就打開抽屜收拾私人物品，頭也不回直接走出公司，柚木部長一言不發、臉色超級難看，可能被我的強烈反應嚇到。

經過一個星期，我整理所有行李，一家四口返台，正式結束留學生活。再過一週，我的父親突然收到一封柚木部長從日本寫來的道歉函，除了謝罪，也衷心希望我再回去幫忙，但是仍然沒有打動我的心，我在想，珍珠商人不是那麼好幹的。

最終仍需重操「舊業」

七九年我到日本留學之前，在《中國時報》做了五年記者，離開時是用留職停薪的方式，也就是說學成回國後我必須無條件地再回報社服務，可是我並沒有歸建，因為報社要我再跑台灣省政府的老路線，我覺得如果這樣的話，我到底為什麼要去日本念兩年書。

剛回台灣的幾個月真的沒有工作，變成無業遊民，每天吃老本。山窮水盡的時候，我曾經試著開計程車，只開了三天就不幹了。在這段期間，正好有一位退休的中時老同事陸珍年，創辦了一本叫做《追追追》的社會新聞雜誌，那時台灣還沒有著作權概念，他要我每週翻譯日本八卦週刊雜誌的內容寄給他，只要見稿不論能不能用，就給稿費。雖然錢很少，但是也不無小補，每天就這樣混日子，這又讓我從大阪的珍珠公司這個天堂掉進另一個新的地獄。

八三年的春天，有天晚上十一點，我到當時總社在台中大里的《台灣日報》編輯部找一位舊友魏吉助，他是該報的採訪主任。報社的採訪組通常最忙的是晚上七點到十一點，幾乎處於戰爭狀態，我們約好十一點在報社見面，找他並沒有特別的事，只是想聊聊天而已。正在聊天時，報社社長謝天衢先生走過來，魏吉助看到大老闆過來，趕緊幫我介紹「這是謝社長謝天衢先生」，「他叫張茂森，以前是中國時報的記者，後來到日本留學，現在回台灣，目前正在找工作，今晚正好到報社來聊天。」隨後這位初次見面的謝社長忽然說要請我隔天在台中大飯店的牛排館吃午餐，讓我大吃一驚，也覺得納悶，但是魏偷偷告訴我，反正你現在也沒頭路，有吃就吃，就這樣說定了。

第二天中午我也不客氣地照約定時間前往台中牛排館，到現場真的嚇我一跳，在場的都是我不認識的人，除了昨天見過面的謝社長，還包括《台灣日報》的總經理、兩位副社長，加上我的朋友魏吉助。我一邊吃一邊在想，真不知道為什麼要吃這頓飯，等咖啡和甜點上桌後，謝天衢社長才開口問，「張兄，你可以再回去日本幫我們寫稿嗎？」對我來說這無疑是天上掉下來的禮物，沒有多加考慮就當場欣然同意。

八三年那時的《台灣日報》母體是「黎明基金會」，此一基金會的大老闆就是國防部，當時還是國民黨一黨獨裁的戒嚴社會，很多媒體都由黨（國民黨）、政、軍掌控。軍方本來就有一家機關報《青年戰士報》，後來因為這個名稱太過英勇、聳動，而改成《青年日報》。因為軍方同時擁有兩家報社不太像話，因此用「黎明基金會」這個白手套經營《台灣日報》，作為政令宣傳之用，資金通海，要錢有錢，要人有人，包括社長、副社長、總編輯、總經理等，所有報社主要幹部都從軍方空降，社長必須是少將或中將級的人物，而且外省人居多，軍方認為這樣在形象上不是很好，在中級幹部方面希望能用一些比較專業的台灣人，而我正好符合所有條件。後來我聽說，謝天衢社長對我「一見鍾情」的理由，是因為我只有三十多歲，是本省人，過去做過記者，而且懂日語，的確是報社想要找的人。就這樣，大約經過一個星期，正式聘書很快下來，再經過一個星期，我一個人再度回到東京，這次不是留學生，而是許多人都羨慕、有固定薪水的台灣媒體駐日特派員。

李登輝的高中同學

一九八三年我以《台灣日報》駐日本特派員的資格採訪新聞時，一開始我就想一定要申請進入「日本記者俱樂部」(JAPAN NATIONAL PRESS CLUB）成為會員，當年日本記者俱樂部的會員中並沒有台灣記者，因為當時日中建交僅十一年，雙方還處於「蜜月期」，日本的「恐共症」仍處於重症，台灣記者想加入這個記者組織的門檻很高，如果我順利成為會員是一個很大的榮耀。一般現役記者的正規會員屬於「D」會員，其他還有「A」或「B」的法人贊助會員或是已退休的記者會員，現役記者申請「D」會員時，必須要有兩位法人會員的推薦，當時自願做我的推薦人之一的是《新潟日報》東京支社長伊藤榮三郎。

「岩里政男」與伊藤榮三郎

在伊藤先生的大力推薦之下順利入會後，經常和他在記者俱樂部九樓的會客大廳一起喝咖啡聊天，有一天伊藤突然對我說，「台灣現在的李登輝副總統是我的高中同學」，李登輝是台灣人，而伊藤是日本人，所以我好奇再問他是哪裡的高中同學？伊藤說是日治時代的舊制台北第一高校，也就是現在的國立台灣師範大學。長得比較魁梧結實的伊藤還說，在學校社團中，他是柔道部，李登輝是劍道部，在教室內李登輝座位是在他的正後排，後來伊藤也讓我看一本粉紅色封面的台北第一高校同學錄，裡面有「岩里政男」的名字，這是李登輝的日本名字。

面臨日本海新潟縣出身的伊藤榮三郎，是日治時代隨家人一起到台灣的日本開拓團的小孩。小時他的父親因為做生意失敗，帶著全家七個人到花蓮種甘蔗，九歲的他到了花蓮被編到花蓮林田小學校（現在的鳳林鎮大榮國小）就讀，畢業後進入當時的台北一中（現在的建國中學），高中則進入名門學校台北第一高校（現在的國立台灣師範大學），和岩里政男（李登輝）同窗三年。

當時日本政府獎勵日本人到台灣開拓，最主要目的地就是花蓮，那時的花蓮屬於不毛之地，絕大部分的居民是原住民，伊藤說，花蓮的日語發音是「Karen」，和「Kaeren（帰れん）」的發音很相似，也就是「回不來」（帰れない）的意思。他們全家參加開拓團移民到花蓮之前，親戚和小孩子都不贊成，小學校的同學也依依不捨，說花蓮是窮鄉僻壤，還說，顧名思義去了花蓮一定「帰れん」（「回不來」），但是他的父母還是把全家從新潟帶到花蓮，直到戰爭結束。

回到日本（當時叫做內地）的伊藤榮三郎進入九州大學攻讀法學，從此和台北第一高校同學的「岩里君」失去音訊；畢業後就一直服務於《新潟日報》，也曾經做過總編輯，在擔任東京支社長時，因為有住過台灣的經驗，對我這個台灣來的記者非常照顧，他也常常告訴我台灣是他的故鄉。

聽到伊藤先生說他和李登輝副總統是高中同班同學的消息時，真的有點吃驚，他說這很少人知道，我也覺得是很好的獨家。但是當時的總統是戒嚴時期的蔣經國，蔣實權一把抓，李登輝只是沒什麼權力的冷板凳副總統，這樣說很失禮，但是作為新聞記者，都是想拿到更權威、更獨家的新聞。「閉著嘴巴、默默等待總統蒙主寵召」，通常都是世界各國副總統的唯一工作，如果有個例外，就是過去美國小布希政府的副總統迪克．錢尼，他是唯一擁有空前權力的副總統，所以伊藤告訴我李登輝是他的高中同學這個獨家消息，其實我並沒有放在心裡，不久也就忘掉了。

專訪「岩里君」的高中日本同學

直到一九八八年蔣經國去世，李登輝一夕之間升格為總統，台灣的民主化體制開始萌芽，我突然想起伊藤以前告訴我的事，急忙約伊藤見面，認真地詢問有關舊制台北第一高校的情形，伊藤也拿出一本新的「台北第一高校十八年會」題名「蕉葉會」的同學錄給我看，以前「岩里政男」的地方已經變成「李登輝」，職業欄上赫然印著「總統」，看起來很刺激，也很有意思。伊藤先生同時秀了幾張高中時代的照片，坐在李登輝前排同一個位置的正是伊藤榮三郎，當時我想著，這下我可能會弄到一個大獨家，後來也真的成為《台灣日報》一九八九年四月二十九日第三版的全版大獨家。

在台北第一高校與岩里政男（李登輝）同班的文科甲組同學總共三十八人，其中只有四人是台灣人，其餘全是日本人。這些人在一九四三年從台北第一高校畢業，這年是日本紀元的昭和十八年，因此畢業後的同學成立「台北高校十八年會」保持聯繫，到李登輝做台灣省政府主席為止，日本同學陸續幾次在台北見到李登輝，高校畢業後過四十五年，「岩里君」居然成為台灣總統，這是「台北高校十八年會」的最大驕傲！

中華民國七十八年四月二十九日 星期六 臺灣日報 焦點新聞

那一年「臺北高校」同窗樂

李總統「高人一等」不平凡

四十年前情景重入眼簾

日本同學回憶當年老友

李君！我們以您為榮！

高中時代多位日本同學、希望組團訪華會見李總統

老師時讚李總統

真實自然

想念李總統‧寫信露真情

「高中時代的李總統，在同學眼中已不時顯露出威嚴的氣度，回想起來，可能就是將來擔任總統的資質。」

同窗老友想念李總統

筆者在台灣日報駐日記者期間，分別專訪李登輝總統在台北第一高校的日本同學回憶李總統的高中時代片段，四個月後李總統讓筆者陪老同學到總統官邸敘舊。

伊藤不但告訴我他是李登輝同班同學的獨家消息，還把幾位經常聯絡的同學的姓名、地址和電話通通給我，同時也幫我轉告有台灣駐日記者想要專訪大家。在這些「岩里君」的同學們之中，我聯絡上幾位，包括曾經在文部省（現在的文科省）服務的田中一郎、做過日本女子社會教育會理事長的吉里邦夫、經營大商社的石井恭平、住在大阪府東大阪市的志志田邦明、住在横濱市的久松康二、在沖繩的赤嶺義信、做過法官的田口公明、佐柏富男、四本茂等人。我也找到當時台北第一高校文科甲組的日籍級任老師島田謹二專訪，島田教授的記憶是：「岩里君」的個性冷靜、沉默，個子高是他的特徵，是班上「唯一沒有替他找麻煩的學生」。

曾踢掉同學大牙的「岩里君」

我花了約一個月的時間到大阪、神戸、琦玉，甚至沖繩縣，分別讓他們談一下對李登輝的印象，大部分同學在談到李登輝時，都用「岩里君」（「君」是日本人在提到同學、同事或好朋友時的稱呼語）。記憶最深刻的是，志志田邦明說，他對「岩里君」的記憶非常模糊，只記得「岩里君」曾「送給」他一顆金牙，畢業後也始終帶著這個「紀念品」；他回憶，有一次上體育課踢足球時，球正好往他的方向來，他要頂球時，偏偏一百八十公分高的「岩里君」也跑過來幫忙，但是球沒踢準一腳踢到他的下顎，也把他的門牙踢掉了，後來這顆門牙就變成金牙。

當時的日本高校生平均身高是一百六十公分，只有李登輝「高人一等」，身高一八〇公分，田中一郎說，「我沒有看過這麼大的小孩子」，和李登輝的高校同學訪談時，大多數人共同提到是「岩里君」的個子高大，但是運動神經不好，所以才會踢掉同學的門牙。

我整理所有的專訪資料後發回報社，《台灣日報》在第三版的焦點新聞版以全版篇幅刊登，可惜《台灣日報》當時算是小報，沒有多少人看，更不要說做總統的李登輝會看到這則報導，所以我一定要再度提一下這個溫馨的往年軼事。在訪談中，有幾個人提到，過去是高校同學，現在李登輝貴為一國元首，想要和他見面談何容易，後來真的也沒有什麼反應，當然也就沒有什麼後續。

我在李前總統的官邸「被捕」

同一年的七月下旬，我突然接到報社的張家驤社長親自打電話，一開始我有點緊張，會不會是出了什麼問題要我走路。在電話中，張社長說總統打電話給他，要我把這幾位高校同學帶到台灣相聚，時間訂在當年的八月十六日，這款代誌到底有影嘸？一時令我納悶。

距離上次專訪隔了四個月後忽然出現迴響，真的是出乎意料，後來才知道是因為中間發生六四天安門事件，大家都在忙這件事，但是李登輝一直記著他的高校同學期待能到台北敘舊的事情。因此在天安門事件告一段落以後，總統跟張社長通電話，在張社長和我聯絡之後，我立即去找伊藤先生，告知他李總統很期待在台北和大家見面，他當然很積極地替我詢問其他同學，有誰想要到台北見老友「岩里君」，最後舉手的有日本人的伊藤榮三郎、田口公明、田中一郎、石井恭平、佐伯富男、赤嶺義信、里邦夫、四本茂，加上在台北會合，從事律師工作的台籍同學劉茂本先生，其中有兩人與夫人同行。

一九八九年八月十六日一大早由我帶隊，從羽田機場出發前往台北，下榻國賓飯店，當天中午接受時任新聞局副局長鍾振宏的午宴，下午五點半過後，一行共乘一輛廂型車駛進愛國東路的總統官邸，一進官邸就看到李總統站在大門口，很高興地和舊友一一握手，最後李總統和我握手時說，「張先生，謝謝你幫我邀請我高中時代的舊友到台灣。」下一秒，突然有一個人莫名其妙把我拉到官邸旁的一個小房間，後來我才知道這是警衛室，在警衛室內這個人問我是做什麼的，我說我是記者，聽完後他的臉色繃得更緊。這時，警衛室電話響起，這位老兄聽完電話忽然態度大轉彎，變得相當友善，急著問我是不是叫做張茂森？接著又很緊張地說，「張先生，總統請你立刻進去（官邸）。」

原來是大家都和總統一起進官邸坐定，卻找不到我這個「領隊」，這才發現我「被捕了」。事後才知道，把我「逮捕」到警衛室的這位老兄，事前曾被告知總統的高校同學從日本來拜會，但是總統的同學當時都是六十多歲，一行人中卻混了一個四十歲的人，心裡覺得奇怪，才先將我「隔離」。沒想到總統親自打電話問警衛室，「張先生怎麼不見了」，當我急急忙忙進入官邸後，李總統又再一次當面謝謝我，讓我感受到日本式教養畢竟不同。

第一次參加總統的私人「同學會」

包括《台灣日報》社長張家驤在內，全體進入官邸會客大廳坐定後，首先由團長伊藤榮三郎先代表大家向總統致意時，「總統閣下……」，李登輝立即打斷伊藤的話說，「今天在這裡沒有總統，我們不是高校同學嗎？」總統要在場所有人放鬆心情，把他當成普通人，沒多久，「岩里君」也觀察到怎麼沒有人拿相機拍照，很奇怪地問大家「你們都沒有帶照相機嗎？」，伊藤回說，「當然有帶啊，但是這裡可以拍照嗎？」總統又說當然可以拍，大家儘管拍好了，他還說今天特別讓攝影官、隨身侍衛等相關人員提早回去，完全是同學的私人聚會。

其實，在剛抵達台北時，就有人告訴伊藤，不要帶相機，不要帶錄音機，哪些話可以說，哪些話不能說。因為這時李登輝已經不是以前高校的摯友岩里政男，而是堂堂中華民國的總統，可是所有人到達總統官邸後，見到的李登輝總統，仍然還是當時的岩里政男，完全不矯情、高傲。當總統要大家放鬆心情盡興拍照之後，藏在包裡的照相機和錄影機全部出籠，開始肆無忌憚大拍特拍，我是第一次進入總統官邸，看到這樣的李登輝總統，說話也逐漸大聲起來，覺得這和平常在電視機前看到的李登輝總統完全不同。

在台北高校十八年會的「老朋友」互相問候寒暄後，總統請大家到會客廳邊的餐廳入坐用餐，我注意到總統夫人曾文惠女士親自在廚房做菜。晚宴中，總統說他已經很久沒喝酒，但是今天不一樣，一定要喝幾杯，晚宴後又回到客廳，大聊高校時代的趣事，總統興緻一來乾脆脫掉西裝上衣，和同學一起高唱當年的校歌和寮歌（宿舍的歌），也大合唱日本民謠〈荒城之月〉，幾乎所有人全忘記他們正和台灣的國家元首在一起。

喝了幾杯的總統也把當年還只是小女孩的孫女「巧巧」李坤儀叫進來介紹，並且要她演唱天安門事件後台灣最夯的歌曲「矇著耳朵以為聽不見……」，整個場面嗨到最高點。直到晚上十點多，總統還是意猶未盡，可是同學們有人提到說總統明天還要上班，希望總統早點休息，這才賓主盡歡互道珍重再見。

採訪老同學的聚會又是獨家報導

在這個難得的機會中，我有幸可以進入總統官邸，甚至和總統家人以及總統的高校同窗一起渡過一生可能只有一次的同學會，同時也親眼看到李登輝總統真情對待少時友人的一面，如果我不是記者，絕對不可能會有這個際遇。

我親自目睹，也全程參與了一九八九年八月十六日這晚在李登輝總統官邸的總總，第二天我把過程全部記錄下來，隔了一天在八月十八日的《台灣日報》完全呈現出來，仍然是第三版整版的獨家報導。這應該是我做《台灣日報》駐日記者採訪到最大條的獨家新聞，對此自己也無比滿足，在此告訴沒看到當天《台灣日報》報導的人，也分享到那天晚上在李登輝的總統官邸曾有這樣溫馨的聚會。

經過數個月，有一次我回台灣報社述職幾天，當我要返回日本前向報社長官告辭時，張家驤社長突然要我先別回去，直到有通知為止，先住台北的「麗晶飯店」(現改名為晶華飯店)。但是社長沒有告訴我什麼事，在麗晶飯店白吃白喝全由公司買單，我一直納悶到底什麼事。一星期後，張社長終於打電話，只是要我「下午三點到台北分社來報到」，也沒說詳細內容，我準時到達在八德路的台灣日報台北分社，張社長沒多說什麼，只指示我坐上他的座車。數分鐘後，車子停下，我才注意到這是總統府的大門，下車後有人帶領張社長和我走進總統府，由於我們倆一直沒說話，我開始有點緊張，根本不知道發生什麼

中華民國七十八年八月十八日 星期五 臺灣日報 焦點新聞 3版

日本同學來相會、拜訪李總統

把酒暢敘舊時光、往事好回味

闊別四十六年喜重逢、難忘昔日同窗樂融融

李總統不矯情誠懇懷舊 老同學感親切由衷佩服

本報駐日特派員張茂森

會晤李同學、老友談感受

佐伯富男— 踏實作風未改變

田口公明— 深具國家責任感

赤嶺義信— 感受農業新觀念

伊藤榮三郎— 使命感表露無遺

四本茂— 欽佩重視天倫樂

石井恭平— 熱情超過所意料

吉里邦夫— 親民作風感敬佩

田中一郎— 中華民國將更好

筆者策畫邀請李登輝總統高中時代的日本同學到總統官邸會晤。

事，最後張社長才告訴我李總統想要見我，心想，是真的嗎⁉

在總統的小會客室中我們兩人加上總統只有三個人，在日常會話之後，李總統詢問是否能幫他的改革想法寫一本書？總統突然提出，從未出過這種硬派書籍的我，就算有問題當然也只有硬著頭皮回答，「沒有問題」，不久後，我到日本的第一本單行本《台灣兩千萬人的抉擇》，由「台灣日報」出版。老實說，這本書是狗急跳牆被逼出來的，很幸運在日本又有友人喜安幸夫幫我翻譯出了日文版，一九九五年的三月我又以日語在日本出版《台灣的戰略—小龍的逆襲》（台湾の戦略—ドラゴンの逆襲）。

昭和的奇跡—泡沫經濟時代

一九八五年開始，約有六年是日本空前高景氣的瘋狂泡沫經濟，期間發生許多難以置信的奇妙事件。記憶最深的首推日本神奈川縣川崎市廢棄的竹林中，竟然有人撿到一億三千萬日圓的現鈔，五天後，又有另外一人在同一片竹林撿到九千萬圓現鈔，這是天方夜譚嗎？不光是竹林，就連日本最高檔、熱鬧的東京銀座，也有人撿到一億圓鈔票，甚至有人把一億七千萬圓現鈔連保險櫃一起丟棄。

滿地皆鈔票

一九八九年四月十一日，神奈川縣川崎市一處甚少有人走動的竹林，一名散步者竟然拾獲一袋裝有一億三千萬日圓的現鈔，經過報導後，這片不醒目的竹林立即變成「觀光」勝地，吸引眾人到此一遊，有當地居民，也有遠從外縣市趕來的，大家都想看熱鬧，運氣來了，搞不好自己也可以撿到一點。五天後，居然有一個來竹林「觀光」的人，也在同片竹林的另外一處撿到九千萬日圓現鈔，這種事情簡直不可思議，這就是轟動一時所謂的「竹林二億圓事件」。經過警方一個月抽絲剝繭的調查，以及銀行的比對，終於宣告「破案」，這兩筆巨款都是一位名叫野口和康的通信販賣公司老闆所有，這位老兄在當年的五月十一日也舉行記者會，承認鈔票是他的，目的是「讓好心人撿到，捐贈給社會做公義」，這個聽起來有點像編好的八卦故事。

在警方宣告「破案」之前，這兩筆巨款成為日本的一大新聞，大家討論的首先是這是什麼錢？和犯罪有沒有關係？兩億多圓巨款怎麼可能會被丟在竹林？日本國內的心理學家、推理小說作家每天在電視節目上推理，一直都沒有推出一個說法。

這兩筆巨款後來證實的確是野口十九年前開始經營郵票通信販賣的所得，同時他也承認是為了逃稅，每天都把現鈔放在後車箱內進出，又說，因為自己的小孩得了難病，就決定把錢丟在竹林，「希望有人撿到，至少捐一部分給慈善團體，看看小孩子的病會不會因此好起來」，至於為什麼不自己捐出來呢？他的說法是，恐怕會引起一些稅務問題，這個說詞倒是有理。

「竹林二億圓事件」才過了兩個半月，同一年的六月三十日，橫濱市旭區的產業廢棄物處理場內，也發現一個被丟棄的保險櫃內有一億七千萬圓現金，大部分是全新鈔票，經查保險櫃是從《聖教新聞》社（日本創價學會機關報）的倉庫搬出來丟棄。創價學會一位自稱是總務的職員，在三天後的七月三日出面說明，這筆錢是他以非法所得存放二十年以上的現金，自己也忘了，還外借了三百五十萬圓，雖然說詞曖昧，但是想想這段時間正好是一九八五年開始的日本泡沫經濟的最盛期，這種事也不算特別奇怪。因為泡沫經濟期的日本，鈔票真的不只淹到腳目，多到連自己都忘掉，甚至還可以故意丟在竹林讓人撿。

鈔票多到自己都忘掉

在此九年前的一九八〇年四月二十五日，曾有一個名叫大貫久男的卡車司機，在經過東京鬧區銀座時，發現一個大包袱，他以為是舊報紙，就停車撿起包裹，回家打開一看，竟然是一大堆萬圓大鈔，共計一億日圓，立即報警。當時日本〈遺失物法〉規定，在法定的六個月之內（二〇〇七年以後日本改為「原則上三個月」）無人領取，該拾得物即為拾得人所有。後來在六個月之內，沒有「失主」出現，這位卡車司機在同年十一月九日成為一億圓現鈔的新主人，繳了三千四百萬稅金後還「淨得」六千六百萬圓，當時日本彩券的最高獎額只有三千萬，所以這位老實而幸運的司機等於同時中了兩次彩券頭獎，莫非這是「天公疼憨人」。

這筆錢怎麼會掉在路上？經過警方調查，是一位每天炒股的大亨所有，據說這位大亨座車的後車箱每天都放著十幾袋裝有一億圓現金的包裹，那天他的司機一時大意，留下最後一包就把車子開走，媒體報導後知道被人撿走，但是大亨也不能跟警察要回來，因為如果領回這包掉在地上的一億圓，有可能要向國稅局補稅三億圓，說不定還要坐牢，所以只有啞巴吃黃蓮。

這種地上有鈔票任你撿的社會現象，後來一般認為就是一九八五年大爆發的日本泡沫經濟開端，一路到九一年泡沫經濟瓦解，不但在東京街上可以撿到一億圓，廢棄物處理場也有人丟棄一億七千萬圓，偏僻竹林更可以撿到兩億兩千萬圓。時常有媒體報導，某住宅區每一戶住家的信箱早上都被塞了內有十萬圓的信封、某社區的排水溝發現有一袋現款等等，無奇不有，只是很可惜沒在我家發生過而已。

鈔票丟進信箱和排水溝

至於這段期間為什麼會有裝現金的信封被丟在住家信箱？經過各種媒體報導，以及推理作家的推理，雖然沒有結論，但是比較有說服力的說法是：一九七二年曾經在日本轟動一時的漫畫，後來一九八二年拍成電影的《月光假面》作者川內康範的「義舉」（善行）。《月光假面》描寫行善的俠客，而川內康範也被稱為是「日本英雄的創造者」，電影首映後的一九八五年開始出現鈔票滿地飛的泡沫經濟，川內康範把創造「月光假面」的心理投射在真實社會，希望這些錢能對生活較不寬裕的人有所幫助，真假沒有人知道，川內康範也在二〇〇八年過世，更是無法求證。

泡沫經濟是從八〇年代中期開始爆發，最具象徵性的是一九八六年二月的日本ＮＴＴ（Nippon Telegraph and Telephone Corporation日本電信電話株式會社）股票上市。上市前，外界預測每股約值八十萬日圓，但是實際上市的價格居然高達一百一十九萬七千圓，不到兩個月後，猛漲三倍至三百十八萬圓，被稱為「ＮＴＴ之亂」的ＮＴＴ股票大暴漲，正式為日本泡沫經濟揭開序幕。日本全國主要媒體、金融雜誌，經濟評論家、不動產評論家每天大幅報導、評論與投資相關的內容，讓金融投資成為日本人每天唯一注目的話題，東京、名古屋、大阪等各大城市的地價從一九八六年開始像火箭急速上升，以東京為例，八七年東京都的商業地價和前一年相比，瘋狂上升八十%。日本內閣府曾經推算，泡沫經濟接近尾聲的一九九〇年底，日本土地總值高達二千四百五十六兆日圓，這個數字是一九八五年泡沫經濟初期日本土地總值的二點四倍，同時也是美國全國土地總值的四倍！

炒地皮集團四處橫行

在泡沫經濟全盛期的五、六年間，炒地皮集團趁機打劫，媒體每天大肆報導哪裡的地皮是天價、哪裡的土地漲幅多少，讓地價不斷垂直上升。無論多偏僻，甚至是必須坐兩小時以上電車才能到東京上班的鄉下地方，兩層樓的獨棟透天，土地大約三十坪，建坪大約二十五坪到三十坪，當時的售價高達日幣五千萬圓上下，大家還是說很便宜，甚至必須抽籤才能拿到購買的「入場券」，理由是今天你不買，明天或下星期可能又要漲一千萬圓。像這種房產，在泡沫經濟完全瓦解以後，只剩下不到六、七百萬圓的價值，而且因為是不肖業者為了趕搭泡沫經濟不動產暴漲便車，隨便粗製濫造的木屋，浴室崩塌或者外牆破裂等的新聞隨時都有。

有一家日本著名大型不動產業者在千葉縣叫做「土氣」的偏鄉僻地，規畫一處比美好萊塢豪宅的新社區，蓋好的每棟豪宅都附有游泳池，當時還是無殼蝸牛的我雖然是窮光蛋，但是也很想看一看「日本好萊塢」豪宅的模樣。我到了現場還找了約半小時才能到達社區現場目睹豪宅英姿，整個「好萊塢」新社區至少二十棟，售價表上便宜的一棟也要四、五億圓，可是泡沫經濟結束後，只住了兩戶人家，其他全是空屋，晚上幾乎成為「鬼城」，沒人住也沒人管理，房價一落千丈，剩下不到買價兩成，這兩戶人家最後一怒告到法院。

泡沫經濟崩潰，「別墅」變成「別野」

當時也非常流行分割出售在鄉下的別墅專用地，地點都是山區或風景漂亮的森林區。我注意到距離東京約兩百五十公里的福島縣郡山市郊外，一處有溫泉配管的別墅專用地分讓廣告，每區大約一百多坪土地，售價是三千萬圓左右，以當時的「泡沫」感，覺得太便宜了，就帶著老婆開四小時車直奔，別墅就是度假用的房子，老婆當時說：第一棟房子都還沒買，怎麼就要看第二棟？蓋好後一年最多只能來一、兩次，其他時間還要付錢請人管理，三千萬圓加上建築費，當時的銀行年利息是八％，光拿利息就可以到頂級的溫泉飯店盡情享受還有找，被這樣一說，當然我也就打消念頭（正確說法應該是沒錢）。

俗諺說「聽某嘴大富貴」，泡沫經濟瓦解幾年後，我很好奇那一片別墅用地的現況，又去看了一次，真的感謝老婆，那片被劃分為一百多區的別墅用地只蓋了五、六間小木屋，雜草叢生，就像鬼城，整個別墅土地變成「別野」，荒野的「野」。旁邊有一塊廣告招牌，上面寫著「別墅用地出售，每區一百萬圓起」，當時日幣一百萬圓只有新台幣三十萬元，現在回想起來，真的要「聽某嘴大富貴」，才不會後悔莫及。

泡沫經濟期間，日本銀行定期存款的年利高達八％，一百萬圓放在銀行，一年後的利息是八萬圓，現在的日本銀行定存年利是0.001％，等於當時的利息是現在的八百倍；泡沫期的活期存款利息是二％，一百萬圓的活期存款一年後的利息是二萬圓，以目前的活期存款利率計算，一年只有區區一百圓的利息。

曾引發「NTT之亂」的該公司股價，最高曾達到每股三百十八萬圓，泡沫經濟瓦解的一九九二年股價只剩下四十五萬三千圓。日本的東京證交所平均股價從八六年開始直線上升，到了八九年十二月二十九日年終收盤，狂飆到三萬八千九百五十七點，創下日本股市紀錄。泡沫經濟結束後，日本景氣低迷了十幾年，當然股市也一路狂跌，二〇〇九年九月二十八日竟然一度出現六千九百九十四點的新低記錄。

百圓商品乏人問津，換上一千圓的標價立刻賣光

泡沫經濟期間，日本社會出現空前未有的狂亂現象，大小公司的職員人手一本數十張裝訂的計程車券，上下班以計程車代步很稀鬆平常。晚上到新宿歌舞伎町或銀座、赤坂等鬧區喝酒，回家當然也是搭計程車，下車時不論是兩萬圓或三萬圓的車資，只要撕一張計程車券給司機即可，沒用完還能用低價轉賣給專門收購的業者，下個月再向公司申請一本。只是叫一台計程車可能必須花上半小時以上等待，在泡沫經濟期的應酬結束，大家都想坐計程車而不想搭擁擠的電車回家，因此深夜也找不到空車，好不容易攔到一部空車，後面可能會有人拿一張或兩張萬圓鈔票，希望你讓出好不容易攔到的這部空車，就這樣把

攔到計程車的「權利」讓出去，一個晚上小賺幾萬圓也很常見。

一般超級市場的生鮮食品，便宜的賣不出去，例如一塊售價三百圓的豆腐，如果少有人問津，店家就換上一千圓的標價，立即售罄。在百貨公司標價一百萬圓的商品沒人買，第二天換兩百萬圓的標價，就會比一百萬圓的標價好賣。當時還非常流行所謂的會員權利，例如高爾夫球場或是高級休閒度假飯店的會員權，以高爾夫球場的會員權來說，稍微有點名氣的球場，一張會員權利書要價通常超過一億圓，便宜的球場會員權利書也要價五千萬圓，甚至可以繼承，目前無論怎麼有名的球場，通常只要數百萬圓。高級休閒度假飯店會員權要價一千萬圓起跳，好不容易安排休假想去住一、兩晚，結論是，對不起，已經客滿了，這是標準的回答，擁有高爾夫球場或度假飯店會員權的人，其實不是真正去享受的，而是代表一種身分。當泡沫經濟結束，度假飯店的會員權根本無人問津。

目前日本上班族的夏季與冬季獎金合計通常是二至六個月，也有不發年終獎金的，但在泡沫經濟期，基本月薪外每年多發十二個月獎金的公司算普通，業績好的大企業會發二十個月獎金，還會發一筆數字可觀的臨時獎金，員工旅行每人可以帶三名家人，分批包七四七飛機到歐洲玩一個星期，參加海外旅行的員工，購買紀念品十萬圓以下全部由公司買單！

泡沫經濟瓦解，日本景氣初嘗惡果

一九九一年泡沫經濟崩壞，日本景氣迅速惡化，企業相繼倒閉，銀行抱著大批呆帳，無法正常周轉，各種銀行的合併讓一般人看得眼花瞭亂，大量裁員造成失業率急速上升，銀座的酒吧接連關門，大學畢業找工作難上加難，日本景氣進入空前冰河期，與泡沫期相較簡直讓人無法置信。尤其在一九九七年推行五%消費稅，以及亞洲金融危機影響，景氣雪上加霜，土地價格也垂直下滑，例如，日本著名的新潟縣湯澤溫泉冬季度假勝地的分讓公寓，泡沫期每戶售價約兩千萬圓，泡沫瓦解後一戶一百萬圓也賣不出去，形同廢墟，之前的空前好景氣根本無法彌補後來的經濟危機，景氣好像只是空洞的泡沫，所以稱為「泡沫經濟」，正是名符其實。這種泡沫式的經濟是日本首次遭遇，也應該是最後一次，不少經濟學家都認為日本不可能再碰到同樣的瘋狂景氣，沉寂了近二十年的日本經濟，在目前的安倍長期內閣的經濟大改革之下，恢復的腳步才有一點起色，股價從七千多已經突破兩萬點的大關。

非提徐福不可──抗暴，記者生涯唯一報導三次的專題

最近因為無法忍受暴政而逃離北韓的「脫北」事件層出不窮，過去為了逃避中國共產黨獨裁專政，出現大量「脫中」逃亡事件，在國民黨的蔣政權白色恐怖，也發生過無數起逃避暴政事件，不分古今東西，不惜性命爭取自由是人類最基本的要求。

兩千多年前的中國就曾出現與日本有關的大規模率眾逃亡事件，此一「壯舉」始於紀元前二一〇年，秦朝的方士或江湖術士徐福，向暴君始皇帝獻策，聲稱海中有蓬萊仙島，可以找到不老不死的仙人藥草，並向始皇帝要求大批金銀糧草，以及三千童男童女出海逃之夭夭。

唬弄秦始皇逃離暴政

徐福的船隊出海後最終到達他唬弄始皇帝的所謂「蓬萊仙島」，也就是現在的日本和

歌山縣新宮市一帶，一行人就在當地定居傳宗接代從此不回，此一事件，毫無疑問是中國歷史最早，而且規模最龐大的一起集體逃亡事件。

徐福的傳奇在我的日本採訪生涯中，是唯一被我寫了三次專題報導的新聞。徐福「奉秦始皇之命」到東方仙島採取不老不死藥草，很多人只當作一般新聞，但我是把徐福「率眾集體逃亡」作為焦點加以探討，徐福的勇敢行動正好和現代人追求民主普世價值的想法完全一致，和歌山縣新宮市當地的徐福研究學者也持相同意見，因此在日本的四十年新聞工作中，從開始的十四年在《台灣日報》、之後二十二年在《自由時報》，一直現在的「民視」，在這三家媒體，我都做過「徐福唬爛秦始皇，率眾大逃亡」的專題報導，兩千多年前古代的徐福都會想到逃離暴政，現代人當然更加敢於對抗獨裁暴政，更加會爭取民主自由。這則新聞涵蓋了政治性、歷史性和趣味性，所以報了三次，現在又出現在這本書上，是第四次。

徐福到底是何許人物？最早記錄是司馬遷（西元前一四五年到八五年）的《史記》，他是齊國瑯琊人（現今山東半島南岸、青島以西的地方），《史記・卷六》的〈秦始皇帝本紀十七〉上記述，「齊人徐市（徐福）等上書，言海中有三神山，名曰蓬萊、方丈、瀛洲，仙人居之。請得齋戒，與童男女求之。於是遣徐市發童男女數千人，入海求仙人。」，沒想到徐福從此一去不回迄今兩千多年，其實以當時的知識，徐福應該不知道海中有什麼仙島，只是隨便向始皇帝詭稱「三神山」。

日本國內研究也大都認為，徐福是因為始皇帝興建萬里長城，人民充當苦役，加上焚書坑儒的行為；在暴政之下，決心率眾遠離家園尋找理想鄉，說是為秦始皇找長生不老藥，只是策略而已。

以尋藥爲名欺騙始皇帝

但也有其他的記錄是，徐福曾在紀元前二一九年到過所謂的「仙島」，出發到日本則是九年後的紀元前二一〇年，這九年間徐福擬訂了周密的逃亡計劃，向秦始皇大吹其牛，要了大批的木船與經費，同時也要了三千童男童女，之後一路由山東瑯琊出發，航經東海，最後漂流到現在的日本。

徐福在日本的登陸地點也有很多說法，最可靠的應該是日本和歌山縣（紀伊半島）熊

兩千多年前徐福率眾大逃亡登陸之地在日本和歌山縣熊野灘，現今新宮市。

野河口（現在的新宮市），新宮市內不但有徐福公園，有徐福登陸石碑、徐福墓，也有被認為是當時徐福等人住過的草屋模型；最重要的是新宮市到處有徐福所稱的長生不老藥草「天台烏藥」，市內仍有不少人還靠徐福吃飯，例如，有一種清涼飲料是以「天台烏藥」樹葉製造的，稱為「徐福之精」，喝了當然不可能長生不老，但是至少清涼解渴。

根據日本徐福研究者的著作，徐福的龐大船隊出海不久就遇到颱風，有一批船在現在的沖繩諸島上岸，徐福等人的船隊繼續沿岸北上，落腳之處就是目前和歌山縣新宮市。當時日本還處於文化不高的彌生時代，當地居民看到徐福的船隊上岸，以為天降神兵，立即叩拜為王，徐福由據點的熊野地方（現在的和歌山縣熊野市）指派他的七位重臣率眾拓展勢力，足跡幾乎遍及現在的日本全國，包括青森縣、秋田縣、愛知縣、京都府、山口縣與九州、四國各地，勢力更不斷往日本內陸延伸，包括東北地方的仙台及富士山麓、九州等地，幾乎成了當時的土皇帝。

好比古代日本的土皇帝

目前位於和歌山縣新宮市JR車站附近的徐福公園內，有所謂的徐福墓，旁邊豎立著一面徐福功德碑，此碑是一八三四年的日本天保五年，由當時的紀州藩儒者仁井田好古撰書所立，「新宮徐福協會」理事山口泰郎說明碑文的意思是說，「徐福登陸熊野，雖然我們不知道其中的細節，但是徐福到了這裡是事實」。

在徐福墓的另外一邊也有「七塚之碑」，傳說這是古時祭拜徐福的七名重臣的七個小圓墳，以徐福墓為中心排成北斗七星。

公園內最引人注目的是徐福想要採集的不老藥草「天台烏藥」以及「不老池」，在「不老池」旁邊的就是徐福想要找的天台烏藥，這是一種中藥，可以治關節炎和其他病痛。不只在新宮市，熊野市也一樣有天台烏藥，皆是徐福追求的靈藥之處，書上記載日本全國只要有徐福足跡的地方，一定會有這種天台烏藥。

現在市內的徐福廟、徐福公園、徐福壽司、徐福茶等等，吸引大批來自台灣和中國的觀光客，徐福廟甚至被供奉到世界遺產的「阿須賀神社」內，徐福不但成功率眾逃避暴政，如今也還拚命為和歌山縣「拚經濟」，新宮市一直以來的徐福熱就是證明。

徐福是日本的神武天皇嗎

一般說法是，神武天皇是日本最早的天皇，但是也有人認為神武天皇只不過是神話人物，根本不存在。中國和韓國的徐福研究家則有不少人主張，所謂的神武天皇其實就是徐福，對此，大多數日本人不同意，理由是神武天皇比徐福早了大約三百年，可是認為徐福就是神武天皇的人則以神武天皇之後，在皇譜上有四位天皇是「虛構的天皇」，所以年代是相近的，不管徐福是不是神武天皇，或者現在部分日本人是否為徐福後裔，但在徐福將古代中國技術移轉給日本這個部分應該是沒有爭議。

其次是，徐福真的是唾棄暴政而率眾集體逃亡的人物嗎？答案也很清楚，在新宮市內世界遺產的阿須賀神社內入口參道上有一石碑，上面題詩「先生採藥未曾回，故國山河幾度埃，今日一香聊遠寄，老僧亦為避秦來」，此為宋僧無學祖元禪師因逃避元朝而到日本遙拜徐福，以同樣是唾棄暴政離開故國的心境所立詩文，其中的「避秦來」就是意指避開暴政而來，在各種文獻上也都有徐福集體逃亡的記載，徐福是歷史上為投奔自由的最大集體逃亡先驅者應無疑義。

新宮市徐福詩碑。

日本人可能是徐福的子孫

徐福在逃亡時所使用的船隻，據書上描述，以當時秦國的技術，最大船隻只能運輸數十人、最多一百人，要運輸三千以上的人員，加上大批食材、日用品，至少要三十到五十艘船，在當時的日本人看來，龐大船隊突然出現，徐福一行人無疑是天兵降臨。

研究者認為徐福故鄉在現今江蘇省連雲港市贛榆區金山鎮的徐阜（福）村，此地在一九八五年建立了「徐福村」碑牌，不管徐福真的是懂得天文地理醫學的人物，或只憑一張三寸不爛之舌唬弄秦始皇逃之夭夭的大騙子，但是他冒生命危險大膽率領三千大軍東渡瀛洲，號稱要採集不老不死靈藥，應該算是一條漢子。

由於徐福是逃避暴政投奔自由，他當然知道欺騙秦始皇的嚴重後果，在一去不回頭的覺悟下，交代族人丟棄徐姓散居各處。最近的調查發現，徐福後代一共在中國的五十六個地方散居，隨著徐福東渡蓬萊的家族為了免於秦始皇的追殺，在日本也改姓為「秦」、「羽田」、「畑」、「波多」（はた），沒有人繼續用「徐」姓，這些姓氏的讀法都與「秦」的讀法同音（Hada），目前使用這些姓氏的日本人被認為是徐福後代，或至少與徐福有若干關係，只是這些日本人很少有人承認他們與徐福有關聯。

另外一個被認為日本人和徐福有關係的證據是，新宮市內有不少姓「東」、「西」、「南」、「北」的市民，據當地傳述，徐福因為是逃亡者，率領三千童男童女出海是在很匆促成行的，到了日本定居以後，由於這三千童男女是被秦始皇強行徵調的，不知道姓名，只知道是住在那一個方位，住在東邊的，徐福就讓他們姓「東」，住在西邊的就讓他們姓「西」，童男女長大之後結婚生子，目前住在新宮市的「東」、「西」、「南」、「北」先生女士，雖沒有有力的直接證據證明他們是跟隨徐福的童男女後代，但奇怪的是這些人都集中住在徐福登陸地的新宮市一帶。

徐福爲新宮市拚經濟

新宮市內有緬懷徐福的三個詩碑，除了一個是日本鎌倉時代由中國到日本鎌倉建長寺做住持，後來創建圓覺寺的祖元禪師所題，其次是北宋祖元禪師渡日約一百年後的一三六八年，日本四國土佐的中津絕海和尚前往中國晉見明太祖，當時太祖詢問中津絕海有關徐福的事，絕海以詩回答：「熊野峰前徐福祠，滿山藥草雨余肥，只今海上波濤穩，萬里好風須早歸」，明太祖也當場回以「熊野峰高血食祠，松柏琥珀也應肥，當年徐福求仙藥，直到如今更不歸」，這三個詩碑永遠立在新宮市內的一角，更凸顯徐福捨命追求自由的悲壯感。

兩千兩百年前從中國大規模移民到什麼都沒有的日本，沒有較高的科技與農業技術是不可能辦到的。紀州熊野地區自古捕鯨事業相當著名，據說是徐福一行人的傳授，新宮市內三輪崎也成了一個著名的捕鯨基地，當地居民便以鯨肉供奉徐福，另外和歌山的造紙與農業也相當發達，傳說都與徐福有關。

徐福也算是非常走運，不但順利瞞過秦始皇成功逃亡，兩千多年後，當新宮市的阿須賀神社被認定為世界遺產時，被一起供奉在阿須賀神社內的徐福宮（廟），居然也一併入列。徐福雖然是日本的「外來政權」，可是徐老先生也沒有對不起當地人的愛戴，也成為當地拚經濟的要角，就像徐福協會理事山口泰郎說的，徐福廟的地點靠近車站，去年一年就有將近三萬觀光客到這裡來，其中有八、九成是台灣來的，全是托徐福的福。

第四章

台日交流的現場40年

李登輝前總統訪日引爆日中外交大戰

千人機場歡迎李登輝總統首訪日本

二〇〇一年四月二十二日下午不到五點，大約一千多名的台僑和日本友人聚集在大阪關西機場，每個人手上都拿著一支綠色的台灣旗，這些人都等不及看到預定在當天傍晚六點二十分到達的李登輝總統。

這天機場附近天氣晴朗，擠不進機場的歡迎群眾都集合在出口處，大約六點四十分，李登輝和夫人曾文惠女士走出機場大廈，向群眾揮手致意，滿臉愉快的表情和一百八十公分高的筆挺姿態，看不出來是近八十歲的長者。

在機場外等候李登輝的是日本政府派出來的加長型凱迪萊克禮賓車和八輛前導與護衛車，另外有三輛隨行的禮車，財團法人交流協會（現在的日本台灣交流協會）理事長後藤利雄與台灣駐日代表羅福全和毛清芬夫人也到場迎接。車隊一路駛向大阪市內的帝國飯店，那裡也早有超過五百人的歡迎群眾把飯店大廳擠得水洩不通，有幾個人一直抱怨怎麼兩個多小時都還沒有到，旁邊的人告訴他，「我已經等了十六年了，你只等兩個多小時算什麼」。

這晚，李登輝一共出現在飯店大廳兩次，接受久久不想離開的台灣鄉親與日本友人歡迎，時間接近九點，飯店總經理濃人賢二也親自拿麥克風向群眾宣布，大阪帝國飯店從開業以來，還未出現過這樣的盛況，連過去南韓金大中總統來的時候也未曾如此熱鬧過。

簽證發給是人道考量，非親台或親中問題

李登輝是在前年的二〇〇〇年卸任總統，在百般波折中，日本政府以堅定立場力抗中國壓力，最後終於以人道理由發給入國簽證。回憶整個過程，當時外務省大臣河野洋平以對中外交的重要性堅決主張不應發給李登輝訪日簽證，而內閣總理大臣森喜朗與其他保守派政治家則傾向於同意。有六十四位參眾兩院的議員為了協助李登輝順利訪日，曾經成立「實現李登輝來日治病超黨派國會議員之會」，數次對外舉行記者會指出，「李登輝申請訪

日目的是治病，不是親中或親台的問題，而是人道的問題」，並且向河野外相提出「緊急聲明」，強調日本對外核發簽證是主權問題，不應受到中國干預，日本如果只為討好中國，而拒發簽證給李登輝，「日本的人道價值將受到全世界的批判」。

在前一年年底，李登輝可能申請到日本做心臟手術的消息，就一直受到中國注目，關注度與日俱增，中國不斷對日本政府表達強烈反對，甚至威脅取消李鵬訪日，也將不惜召回中國駐日大使。由於中國的反應過大，讓問題越演越烈，在二〇〇〇年三月，為了李登輝的訪日簽證，日中雙方外交戰短兵相接，每天有支持台灣的日本團體與台僑團體到外務省門口抗議。外務省內部也出現嚴重對立，大臣河野洋平持反對態度，副大臣衛藤征士郎則主張發給簽證，內閣總理大臣森喜朗也傾向同意，內閣官房長官福田康夫則先反對後同意，日本國內甚至有不少國際媒體駐日記者也大都認為日本應該同意李登輝訪問。

寧可中止訪日也拒簽附帶條件

為了給不給李登輝簽證而焦頭爛額的日本，四月十九日終於有所決定，但是也同時訓今在台北的交流協會，對李登輝提出「在訪日期間只能停留在醫院所在地的倉敷市地區」、「留日期間不能超過治療所需時日」、「不做政治活動」等，如能同意，二十日就正式受理簽證申請，也同意發給入境簽證。附帶條件的簽證讓好意變成壞意，對此，李登輝立即透過管道向日方表示，他堅持在有尊嚴的前提下訪日，拒絕簽署任何附帶條件的文件，如果日本政府堅持提出附加條件，他寧願取消日本行，這是非常嚴厲的抗議。

十八日早上中國駐日大使陳健會見內閣官房長官福田康夫，用「日本是中國的屬國」的態度，重申「北京絕對不承認李登輝訪日」，以「最後通牒」姿態施壓，但是福田康夫回答陳健時強調，「日本必須根據人道主義和國際環境快速提出結論」，當天深夜，日本政府最後決定以附帶條件的方式同意對李登輝發簽證。第二天的十九日上午，自民黨國會議員在出席外交聯席會議時，五位議員有三位強烈反彈中國動輒施壓日本，當場發言表示「日本不是中國的屬國」，福田康夫也邀集副官房長官古川貞二郎、外務省亞洲大洋洲局長槙田邦夫、外務省事務次官川島裕等人，重新對發給李登輝簽證做最後確認。

最後到了二十日晚間，日本外相河野洋平正式對外宣布，「與森喜朗首相最後會談後，決定基於人道立場，發給李登輝簽證來日治病」，同時強調李登輝此次到日本是以治病為目的，日本政府「不認為他在日本會有政治活動」。外界解讀，日本對李登輝附帶三條件並非事實，對於「條件說」，日本媒體也有報導指出，日方並未對李登輝提出所謂的核發簽證三條件，頂多只是轉達「訪日的目的只限於治病」而已，李登輝對此也同意，日方事實上並沒有規定李登輝哪裡可以去，哪裡不能去，或什麼事可以做，什麼事不可以做。

當時的日本政治觀察家也認為，如果有什麼條件，其實也只是一種「原則」條件，而不是「絕對」條件。例如限定李登輝只能停留在倉敷市，應該只是一種「原則」條件，不可能是「絕對」條件，如果這是「絕對」條件，李登輝就不可能搭乘降落在關西機場的航班，因為關西機場離倉敷市很遠，曾經為一國之尊的李登輝無法接受「絕對」條件也當然。

結論上，日本政府最後同意李登輝訪日，至於有沒有條件，後來也就沒有繼續深入追究，讓日本政府內部反對李登輝來日的人有一個台階下也是很重要的。

一九八五年副總統任內曾過境日本的李登輝，闊別十六年終於在二〇〇一年四月二十二日再度踏上日本土地。

大批記者擠滿飯店後花園

赴日的第二天用過早餐後，李登輝表示要到飯店後花園賞花，透過發言人朱文清（時任駐日代表處新聞組長），通知超過兩百人的台日與其他國際記者。大阪帝國飯店的後花園極為寬廣，安全人員在花園畫出三處採訪定點，規定記者只能定點採訪，不能任意移動，以維護安全。只要不擠成一團大家都有新聞，反之，擠成一團可能都採訪不到，這是日本記者的常識，也是大家都遵守的規定。駐日外國記者也非常習慣，但是對台灣的隨團記者來說，可能很彆扭，因為大家都急著要搶新聞，被管制空間，而且不能任意移動，實在無法忍耐。

李登輝的頭腦非常靈光，看到兩、三百人的記者都在採訪他賞花，故意走得很慢，時而停下腳步讓記者拍攝，有些台灣來的記者在採訪區，因角度不好而取不到鏡頭。這時有一名台灣的隨團電視攝影記者突然衝出採訪區，跑到拍得到李登輝的地方攝影，其他從台灣來的電視記者也跟著跑過去，接著日本記者被擋住視線也急忙圍了過去，整個現場完全失控，亂成一團。台日雙方安全人員大為緊張，立即將李登輝夫妻團團圍住，迅速帶他們離開，這時一大群記者又追了上去，整個飯店的花圃全部泡湯，後來聽說這個突發事件讓飯店花了一大筆錢修復。

稍晚，李登輝夫婦遊覽大阪城後，在飯店大廳休息時接了一通手機電話，後來經過確認，來電者就是卸任只有一天的森喜朗首相。

中國越打壓，李登輝聲望越高

二十四日上午，李登輝的車隊在前後警車開道護送下駛上高速公路，不必在收費站停留（當時沒有ETC）、也無需繳費，以政要待遇前往倉敷市。快到休息站時，李登輝突然說想要進去吃一個令他懷念的「幕之內」便當，這是不在行程上的突發狀況，後來才聽說這是李登輝想讓記者們能多拍一點的小策略。

到達離大阪不遠的岡山縣倉敷市「倉敷中央病院」時，又看到數百名群眾揮舞台灣旗在等候李登輝，另外也有近百名記者守在現場，還有十幾部電視轉播車。當天住院開刀，隔天的二十五日下午出院，倉敷市本來只是一個風景漂亮而小有名氣的普通地方都市，因

二〇〇一年李登輝到日本岡山縣倉敷市接受心臟手術，日本以國賓對待不但前後警車護衛，沿途也有大批民眾歡迎。

為李登輝的到訪而聲名大噪，一舉成為全日本都知道的城市。

李登輝到達日本訪問的四月二十二日，這天剛好也是森喜朗首相交棒給小泉純一郎的日子，這也是日本國內最重要的新聞，兩起重大新聞在版面上如何處理，無疑讓日本各大報社傷透腦筋。二十三日當天日本各大報果然在李登輝和小泉純一郎新首相之間做了最平衡的處理，《每日新聞》、《產經新聞》、《讀賣新聞》等大報將小泉首相的誕生放在頭版頭，李登輝訪日的新聞放在頭版的第二條，照片則把頭版頭小泉新首相的照片縮小，頭版二條的李登輝照片放得比小泉首相大，《THE DAILY YOMIURI》（英文讀賣新聞）則在頭版左邊放李登輝訪日的新聞，頭版右邊則登刊小泉首相誕生的新聞，兩則新聞的圖片大小一樣，《朝日新聞》在二十三日則乾脆把李登輝的新聞和照片放在頭版頭條，小泉新首相則放在李的後面，可以看到各報在處理這兩條重大新

二〇〇一年李登輝來日做心臟手術，日本報紙的版面。

聞時，真的是費盡心力，其他如岡山縣附近的地方報紙在李登輝入院的當天則先印製號外，第二天以頭版全版刊登。

卸任國家元首訪問日本仍能造成轟動，李登輝應屬第一人。李登輝卸下總統職務後，以普通台灣人身分訪日，本來很平常，但是在中國大吵大鬧之後，反而讓他的訪日醫療行

二〇〇一年李登輝來日做心臟手術，日本報紙的版面。

程變成國際注目的重大新聞。說中國替李登輝在日本造勢一點也沒有錯，中國之前也曾干涉美國主權，要求美國不應該讓李登輝到母校康乃爾大學演講，當時美國不但沒有理會，同時也告訴中國，「美國對外發給簽證，從來不受到任何外國的影響」，那一次也因為中國的「幫忙」，而讓李登輝的聲望如日中天。

中國始終想併吞台灣，但是每次的打壓、恐嚇，最後都是反效果。二〇〇〇年李登輝卸任，民進黨的陳水扁競選總統時，當時中國總理朱鎔基也凶神惡煞地在電視機前手指著台灣人大叫「（如果選陳水扁）嚴重惡果你們自己負責！」最後陳水扁照樣當選，二〇〇一年李登輝申請到日本就醫，也是其中一例。有正義的日本人和台灣人不是吃素的，更不是從小被嚇大的，在亞太地區，中國簡直就像動輒揮舞拳頭暴力的惡鄰居！

九次訪日皆成功

到目前為止，李登輝總統自卸任以來，到日本訪問共九次，除二〇〇一年四月的心臟手術以外，訪日時間分別是二〇〇四年十二月二十七日至二〇〇四年（平成十七年）一月二日，一家人訪問名古屋、金澤市，也到京都市和他在京都大學時代的恩師柏祐賢重逢。

二〇〇七年五月三十日至六月九日，探訪他嚮往的「奥之細道」，重溫東京、仙台、山形、盛岡、秋田、日光等俳人芭蕉的足跡。這次李前總統的訪日重點是接受第一屆「後藤新平獎」後發表一場演講，在東京的主要目的是參拜二戰時期於菲律賓作戰陣亡，被供奉在靖國神社內的胞兄岩里武則。

二〇〇八年九月二十二日至二十五日，首次訪問沖繩，參拜和平塔，也在宜野灣演講。

二〇〇九年九月四日至十日應東京青年會議所之邀，訪問東京、高知、熊本，並在東京以「這個國家的驕傲！—龍馬的『船中八策』」為題演講，這也是李登輝前總統首次在東京的演講。

二〇一四年九月十九日至二十五日在大阪與東京演講，共有約兩千三百人聆聽。二〇一五年七月二十一日至二十六日，這次造成轟動，台灣要人首次應日本國會議員之邀，在眾議隊第一議員會館發表演說，盛況空前；同時也在「日本外國特派員協會」（FCCJ）召開記者會，又到東日本大地震災區岩沼市的「千年希望之丘」為震災難者獻花慰靈。

二〇一六年七月三十日至八月三日到石垣島訪問台灣農委會「入植顯彰碑」，並以「從石垣島的歷史發展展望台日交流」為題演講。第九次則是二〇一八年（平成三十年）六月二日至二十五日再訪沖繩，於糸滿市追悼在大東亞戰爭中戰歿的台籍日本兵，並出席親筆寫下「為國做見證」的慰靈碑揭幕式。

喜極而泣的日本女記者

我採訪了李登輝所有訪日行程，每次都讓人感動，更清楚看到日本人對李登輝的敬愛與仰慕。印象最深刻的是二〇〇四年十二月二十七日再度訪日，抵達名古屋第二天的十二月二十八日上午，大約近百位記者聚集在名古屋車站的「萬豪酒店」（Marriott Hotel）等待，站在我旁邊的正好是一位日本某電視台的女記者。早上大約十點，李登輝走出酒店門口，時值十二月嚴冬，他穿著一件淺褐色羊毛大衣，頭戴著鵝絨禮帽，當年已八十一歲的李登輝，筆挺身段看不到任何老態龍鍾的樣子，看到大批記者等候的李登輝立即摘下帽子，揮手以日語大聲向記者問候：「早安！」，這時站在我旁邊的日本女記者突然不斷擦拭眼淚，並且激動地告訴我，「我從來沒有看過李總統這個樣子，也沒有看過八十一歲的老先生還能站得這麼筆挺，真的太『立派』（了不起）、太令人感動了」。

二〇一五年七月二十一日到二十六日，李登輝第七次訪問日本，不但在FCCJ舉行記者會，會前和安倍首相見面，也到日本國會眾議院第一議員會館演講，這也是台灣要人獲邀在日本國會議員會館演講的第一人，當時到場聆聽李登輝演講的國會議員多達兩百九十二人，出席的議員秘書也有一百七十六人，李登輝在演講中希望台日攜手合作為國際社會做出貢獻，也期待日本繼續為台灣表達關心。

在提問時間，日本議員問，「日本人目前還欠缺什麼東西？」李回答，日本缺少的就是「武士道精神」，武士道精神放諸四海而皆準，其中最重要的是「誠實」與「自然」，如果保持下去，他相信日本「可以領導世界」。這一年老先生已經九十二歲，他的精神、意志力和說服力讓日本人驚奇和佩服，老先生年過九旬還能掀起這種盛況，無疑是台灣人的光榮。

一千四百人為李登輝成立「李友會」

日本人為李登輝成立「李登輝之友會」，是二〇〇二年十二月十五日在東京的盛事，主辦單位本來只在東京大倉飯店準備預定出席大約一千人的位子，結果居然來了一千四百多人，會場的後方和左右兩側站滿沒有座位的與會者。事隔十七年，日本的李友會目前遍及全日本，總共有二十九個分會，會員總數超過一千五百人，一位退休多年的台灣政治家至今仍然受到日本人愛戴，除了優秀的政治手腕，他所具有的「哲人政治家」特質，以及「武士道精神」，被日本人所津津樂道。「哲人政治家」所代表的是個人的哲學和教養，從日本人的眼中看，是屬於一種保護人民而且獲得人民信賴的「父性政治家」，就像麥帥在戰後獲得日本人信任一樣，毫無疑問，李登輝完全屬於這一類政治家，「武士道精神」並非日本人專有，有如歐洲的「騎士精神」，和法文「Noblesse Oblige」（因為身分高貴而來的義務）的意義一樣，傳統的「武士道精神」在日本幾已消失，李登輝身上所保留的「武士道精神」被日本人認為是碩果僅存。

從二〇〇一年李登輝第一次訪日以來，每次都遭到來自中國的干擾，這次也不例外，其實，中國討厭李登輝並非是他的「台獨」，真正害怕的是他與日本的關係，這是大中國主義反日思想作祟，李登輝在日本叫座，有一部分是中國在背後「幫忙」的，因為中國越打壓李登輝，李登輝在日本的粉絲就會越多。

「台北駐日經濟文化代表處」是台北市長管的嗎？

台灣駐日代表處代表（實質上的駐日大使）謝長廷今年一月二十七日應邀在日本「全台連」新年會上演講時，有點無奈地說，「我根本不是柯文哲（台北市長）的部下，為什麼我的服務單位會叫做『台北駐日經濟文化代表處』？」謝長廷說中了所有在日台灣人內心的想法，也凸顯出外交當局對於正名無邦交外館，消極而且不想處理的事實。

謝長廷是台北市長柯文哲的部下嗎？

台日自七二年斷交後，大使館在台日雙方談判後的協議中，對日窗口被改為「亞東關係協會」，日本的對台窗口則以「財團法人交流協會」取代，到了二〇一七年元月一日，日方的「財團法人交流協會」（通稱「日本交流協會」）才改名為「日本台灣交流協會」，拖了大約半年的五月十八日，外交部的「亞東關係協會」才慢吞吞改成「台灣日本關係協會」，改名後一般人看起來才有點知道這單位在做什麼事情。

剛斷交時，台灣的「亞東關係協會」和日本的「交流協會」作為外交部的白手套，在這裡上班的其實都是外交部（日本稱為外務省）的人，但是因為名稱，很少人知道這是什麼地方，斷交前的大使館變成「亞東關係協會東京辦事處」，日本在台北的大使館則變成「交流協會台北事務所」，這種改法只是在應付老共而已，實際上做的就是大使館業務。

由於名稱不知所云，在還沒改為「台北駐日經濟文化代表處」之前，因為「亞東關係協會東京辦事處」看起來像是貿易公司，或是什麼協會之類的辦事處，所以有時會接到電話詢問「請問你們這裡是做什麼生意的？」而日本「交流協會」的名稱也讓人滿頭霧水，不知道日本是在和誰交流？交流什麼？

用「台灣」就是台獨，用「台北」就不是台獨？

一九九二年十二月，「亞東關係協會東京辦事處」才改為現在的「台北駐日經濟文化交流代表處」，讓人稍微搞懂這是什麼單位，可是既然有台北駐日經濟文化代處，那台中駐日代表處又在哪裡？高雄的呢？這也難怪謝長廷代表要說他不是柯文哲的部下，怎麼會用「台北」作為代表處名稱，這應該要怪外交部，因為外交部把所有台灣非邦交國的代表處一律用「台北」為名，理由是老共說的，「中國只有一個」，這個中國當然是指中華人民共和國，所以不能用「中華民國」，也不能用「台灣」，用「台灣」就是搞台獨，外交部只好用「台北」，這是不是在說用「台灣」就是台獨，用「台北」就不是台獨？

二〇一七年日本把交流協會的招牌改成「日本台灣交流協會」，駐台北的名稱則為「日本台灣交流協會台北事務所」，在高雄的則為「日本台灣交流協會高雄事務所」，雖然日本在改名時也遭到中國壓力，但還是沒換成「日本台北交流協會」，只有台灣外交部對「台北」情有獨鍾，說不換就是不換。

一個人闖紅燈不行，大家一起闖紅燈就ＯＫ

日本外務省的一位朋友曾私下告訴我，如果台灣只要求日本將駐日代表處的「台北」改成「台灣」，那是有困難的，因為日本不想也不會單獨承擔壓力，只要外交部對所有外館發文，指示所有招牌上的「台北」都改成「台灣」，日本的抗拒應該就會大幅減弱，這樣比喻比較清楚，要日本一個人闖紅燈有困難，但是大家一起闖紅燈那就沒有問題。

可是偏偏外交部根本不想把「台北」改為「台灣」，因為外交部的想法和老共一樣，認為用「台灣」的名稱就是台獨，這個邏輯就是，外交部是中國政府在管的。用「台灣」就是台獨，用「台北」就不是台獨，說服力很薄弱，因為香港問題，在包括美日、歐洲整個國際情勢逐漸向台灣靠近的時機，名稱應該列為最優先解決的議題，自己都不承認是台灣，有什麼道理要各國承認？

有的拚外交，有的拚「內交」

在日本長達四十年的新聞採訪工作中，從斷交後第一任的駐日代表馬樹禮，到現在第十二任的謝長廷，我看到有幾位駐日代表真的很認真在拚外交，但也有幾位代表則認真地在拚「內交」，認真拚「內交」就是專心侍候國內長官或立法委員，外交的事就不必多費心。例如在李登輝總統上任不久後有一位軍方出身的代表，曾經被報紙報導某次他回國述職時，托運的行李居然有數十箱日本哈蜜瓜，高級的日本哈蜜瓜一顆售價高達兩萬到三萬日圓，一箱通常裝兩或四顆，這樣算起來是多少錢？這種大量的哈蜜瓜當然不是自己吃，顯然就是做「內交」用的。

這位代表一生都在軍中，在軍旅中是一個命令一個動作，誰都必須服從，之前也沒機會和新聞記者打交道，其任內剛好發生釣魚台衝突事件，他就召集所有駐日記者開記者會。正要開始時，他發現現場除了一般相機，還有攝影機，突然說，今天的記者會不能拍，因為會有一些「機密」內容，其中有一名電視記者不爽地對這位代表說，「不能拍還算什麼記者會，你要開記者會我就要拍！」這位大將代表愣了一下，他一定覺得在軍中沒人敢如此回話，到了「凡間」社會居然被記者如此嗆聲，當場立即宣布記者會中止。

更早期，有位代表到了日本，見到日本議員或各界朋友，就大談《道德經》，也大談孔子如何偉大，把外交放在第二順位；他任內剛好只碰到一次孔子生日，當天召集館內組長級以上官員到東京御茶之水的「斯文會」，在當地的孔廟親自祭拜，後來他只做了九個月就被調回。

不過這位代表對現在駐日代表處宏偉的辦公大樓倒也有不小貢獻。當時的「亞東關係協會東京辦事處」的辦公室在東京鐵塔附近，是向民間租用的；在他之前的代表一直擱置日本用半買半送的方式提供土地給台灣興建代表處辦公大樓的案子，這位道德代表一來就蓋章拍板定案。

道德代表之後的駐日代表也是台灣軍方大咖，到任後就開始興建，他在任四年的後兩年就搬到目前在目黑白金台高級地段的豪華新館，從此駐日處終於有自己的辦公室。

放鴿代表惹火日本國會議員

近年曾有一位不懂日語又喜歡遲到的代表，這位駐日代表因為不大懂日語，所以不愛和日本人來往，最喜歡和台僑應酬，因為大家都說中文或台語。最經典的是，他特別喜歡放日本大咖國會議員的鴿子，甚至做過首相的，鴿子他也照放不誤，這位代表也讓日本國會議員傷透腦筋。據說有一次他和許多有頭有臉的朋友去打小白球，忽然走運一桿進洞，部下紛紛拍手恭喜，沒想到這位「放鴿」代表立刻要大家安靜。為什麼？因為一桿進洞是要開香檳酒、擺一桌請客，為了節省起見，只好忍痛隱藏自己精湛的球藝！

放鴿代表也喜歡在公開場合大罵自己的部下給外人聽，以表示他的「教導」有方，有兩位組長，因為常常挨罵憤而提早退休，不但如此，他的開會遲到也是很出名的，我就不在此提細節。他還有一個絕招，我一定要分享一下，就是他有超好的中文造詣，部下呈上的公文，如有錯字或文辭不通的地方，一定被一一改正，貼上紙條再退回，呈上去的公文最多有被退回三十多次的記錄，上面也貼滿紙條，如果有只被退回幾次就過關的公文，擬文的人一定是在國學方面博學多才。

不過，公文一直被「改錯」後退回，也不必氣餒，至少在日本賺外交官的薪水之外還學點中文，也是一舉兩得，問題是派這樣的「大使」到日本，到底要讓他做外交？還是讓他教中文？

不會說日語的放鴿代表也常說，以前也有很多代表不會說日語啊，那他一定不知道，以前那些不會說日語的代表，都有共同絕技，那就是有「通天」（直接和最高層對話）本領，日本國會議員要求辦什麼事情，一通電話直接解決，所以沒有「通天」本領，就必須會說一點日語。

三位駐日代表榮獲日本政府頒贈重光勳章

羅福全、許世楷、馮寄台為眾人敬重，這三位代表先後獲得日本政府敘勳。許世楷代表在黑名單時代，曾經向代表處（當時是亞東關係協會東京辦事處）申請過護照，不但沒獲准，甚至直接被沒收護照，後來竟然成為這地方的老闆，許世楷應連做夢也沒想到。在駐日的四年中，許世楷的最大貢獻應該是實現台灣人到日本免簽證。

許世楷擁有東京大學法學博士學位，曾寫過〈台灣共和國憲法草案〉，日本津田塾大學的教授，他在日本政、學、文化各界的人脈極為豐富，超過很多其他代表，這是在日台灣人共同認可的，屬於學者型代表。

在他之前的羅福全也是學者型代表，長期在聯合國工作，也曾經任教位於東京的聯合國大學，是陳水扁當選總統的第一位駐日代表，在日本也有豐沛的人脈，到任後著力於李登輝總統退任後的訪日工作，對二〇〇一年李登輝前總統順利到日本接受心臟手術提供很大助力。

到目前為止的十二位駐日代表中，國民黨政府任命的有九位，印象深刻的是最近的馮寄台代表，他的父親馮冠武也是外交官，曾在我國駐日大使館工作，到小學三年級為止是在日本的學校受教育，美國哈佛大學公共行政碩士，曾任外交部禮賓司司長、駐多明尼加共和國大使等職，精通英文和西班牙文。剛到日本時，小時候學到的日文幾乎不管用，但是他的確很努力重新學習，由於有小時候的日文基礎，所以進步很快，我想用「進步神速」來形容。

二〇一八年五月馮寄台獲得日本旭日重光章的敘勳，這是繼許世楷、羅福全兩人之後獲日本政府敘勳的第三位駐日代表，他的作風海派，非常注重形象，這也是高級外交官本來應該有的禮儀，是實務型的駐日代表。

林金莖「苦節」日本三十年

一九九三年到一九九六年的駐日代表林金莖，早在一九五九年就被派到斷交前的中華民國駐日大使館擔任三等書記官，慢慢升到政務官，日台斷交之際，在日本馬不停蹄參與交涉工作，也曾出書詳細記錄斷交時的交涉工作。之後他也出任第一任馬樹禮代表副手，直到一九九三年，被稱為「萬年副代表」。林金莖的口才極佳，「苦節」（苦苦奮鬥）近二、三十年，終於媳婦熬成婆，一九九三年接替許水德，被李登輝總統任命為駐日代表，也是李總統任命的第二位駐日代表。

駐外大使或代表都是屬於政務官，而林金莖是所有駐日代表，唯一由事務官獲得任命的特例，這也好像是外交部的規矩。事實上像林金莖如此精懂日本外交官僚體制與運作的事務官來做駐日代表，反而比較合適。像林金莖一樣，連續在日本三、四十年的「日本幫」外交官，退休後再出任駐日代表效率一定會更好，林金莖卸任後回台擔任亞協（現在的台日關係協會）會長。

現任駐日代表、也是斷交以來第十二任駐日代表謝長廷大家都很熟悉，他曾做過立法委員、高雄市長、行政院長，也選過總統可惜未當選。他的履歷亮眼，因為台日沒有邦交，他知道在日本做外交不是那麼容易，因此特別重視建立和日本地方的關係，可能是受到民進黨在台灣打天下時，用「從地方包圍中央」戰略最後終於取得政權的影響，對於這一點，謝長廷否認有這種想法，他認為和地方建立良好關係，也是一種重要的外交工作，到任三年多，走遍日本四十七個都道府縣，讓日本和台灣締結地方對地方的各種雙邊關係件數激增，目前已達到一百三十件，比他到任前增加了六十八件。

應盡早將看版改爲「台灣駐日代表處」

七〇年代台日斷交的國際環境和二十一世紀的如今完全不同，例如當時台灣處於戒嚴時期的獨裁政治，現在已經擁有和日本、歐美相同的民主自由價值觀，美國也隨時在環視國際情勢的變化調整對台關係，從台美斷交時只有一個台灣關係法，到現在的台灣旅行法、國防授權法、對台六大保證……等，許多對台灣有利的國內法紛紛出籠。

日本雖然對台灣的關係不斷提升，但是這樣良好的雙邊關係，到目前為止居然沒有任何一條法律加以保障，既然已經把原來的「財團法人交流協會」正名為「日本台灣交流協會」，應該也要考慮同意讓「台北駐日經濟文化代表處」正名為「台灣駐日代表處」，至少謝長廷就不會從蔡英文總統的部下，「降級」變成台北市長柯文哲的部下。

第五章
台灣獨立運動與日本

支持台灣民主化與獨立運動的日本

二〇〇四年陳水扁成功連任總統後，台灣的駐日本代表改由憲法學者許世楷博士接替前代表羅福全，當年年底我正好有個機會到代表官邸，在牆上我看到一幅老舊，而且看來就是好朋友集會時的紀念照，但是仔細看，其中有一位頭上套著一個只挖兩個眼洞的頭罩，有點像美國白人至上主義三K黨的成員，只是頭罩是黑色而不是白色，許世楷代表告訴我，這是一九七二年台灣獨立聯盟日本本部成員在東京集會時的合照，照片內全部是白色恐怖時期時國民黨政府黑名單的榜上人物，有黃昭堂（前台獨聯盟主席）、王育德、張春興、辜寬敏、許世楷、周英明等人，其中帶黑色頭罩的是和我有相當交情的劉明修（日本名字為伊藤潔，故人）。

七二年的台灣還處於戒嚴的白色恐怖時期，那時在日本參與台灣獨立運動的台灣人，有的留學，有的是因為在黑名單上榜而逃到日本避難。例如劉明修是早在一九六〇年就加入「台灣獨立建國聯盟」的老台獨，在東京大學完成博士學位後，曾任教於津田塾大學、

一九七二年十一月二十一日，在日台獨運動人士於獨盟日本本部事務所的合照，後排左邊戴頭罩的是劉明修，其他出席人士如下圖說明。

1972年11月21日，於台灣獨立聯盟日本本部事務所。
1.黃昭堂、2.林啟旭、3.侯榮邦、4.張國興、5.戴天昭、6.許世楷、7.吳枝鐘、8.辜寬敏、9.王育德、10.鄭紹良（美國本部副主席）、11.劉明修（伊藤潔）、12.周英明（金美齡夫）、13.郭嘉熙。

資料來源：許世楷，他表示僅記得1-13的人名。

橫濱國立大學、東京大學、二松學舍大學，最後為杏林大學的教授，在日本從事台灣獨立運動數十年，因為被國民黨政府列入黑名單，而無法親自回台和住在宜蘭故鄉先後過世的父母親見最後一面。

台獨運動最險峻的七〇年代

八〇年代後半海外台獨人士返鄉潮，不少在美國的台獨人士，例如前民黨主席許信良、謝聰敏（今年九月過世）等人經由東京想要返台受困時，劉明修早上在大學教書，晚上則隱藏教授身分，在柏青哥彈珠店打工搬贈品，賺一點外快為準備返鄉的海外台獨朋友紓困。更早期，他因為還在攻讀博士學位，在參加獨盟集會時，一直用頭罩保護自己，以免被在東京的國民黨「抓耙仔」職業學生抓到辮子。

劉明修在李登輝總統執政期間黑名單解除後，屢次陪同日本政界、文化界、媒體界等意見領袖前往台灣，引薦給李登輝總統累積在日人脈，二〇〇三年九月六日下午兩點二十八分（二二八），獨派的「在日台灣同鄉會」在東京新宿鬧區和大阪同步舉行「手牽手心連心台灣正名大遊行」，正在和洗腎搏鬥的劉明修堅持讓他的兒子推著輪椅參加遊行。

東帝汶的獨立世人感動

一九九九年八月三十日，東帝汶在聯合國的監督下舉行全民獨立公投，絕大多數的東帝汶人民投票同意從印尼獨立，印尼軍和反對東帝汶獨立者組成的「東帝汶民兵」在東帝汶當地展開大規模的焦土計畫，進行報復性屠殺，至少有一千四百名東帝汶人遭到殺害，最後在澳大利亞為主的國際部隊介入之後才結束這一場大屠殺。東帝汶在三年後的二〇〇二年五月二十日正式獨立，國名為東帝汶民主共和國，成為國際公認的獨立國家，並且加入聯合國。

在印尼進行對東帝汶大屠殺時，劉明修單槍匹馬進入東帝汶目睹一個新國家誕生。劉明修親眼看到這個國家人民為了獨立，必須要有什麼樣的覺悟，以及必須付出什麼代價，當時他在大屠殺現場曾被印尼軍扣留，最後由當地台僑以金錢賄賂士兵撿回一命。

回到日本後，劉明修告訴我東帝汶驚魂的全經過，在談到台灣的處境時，他忽然激動落淚說，東帝汶是一個窮到不行的地方，那裡的人民盡管知道印尼會出兵鎮壓，為了東帝汶的獨立，也甘願冒生命的危險，台灣人所需要的就這種為自由民主以及自己國家尊嚴，而不惜犧牲一切的精神。

非常可惜的是劉明修在二〇〇六年因心臟衰竭病逝，享年只有六十八歲，他在遺言中表示要把生前的《台灣》、《李登輝傳》、《鄧小平傳》等重要著作，與其個人藏書四千多冊全數贈送給中山大學圖書館。

與劉明修一樣在日本還有許多不惜一切致力於台灣獨立運動的志士，例如辜寬敏、王育德、史明、林文雄、黃昭堂、許世楷等，在此無法一一列舉。

在日本致力於台獨運動的人士

一九五九年，二十五歲到日本留學的許世楷，也因為致力於台灣獨立運動，從那時開始，一直到李登輝總統全面解除黑名單的一九九二年為止，三十三年間和夫人盧千惠流浪日本，無法返台。他在東京的住家一直是台獨運動人士途經日本必訪的據點，由於當時中華民國駐日大使館在國民黨指示之下，具有監控在日台灣行動的秘密警察任務，許世楷無法忍受，便在一九六〇年二月創刊的《台灣青年》上開始撰文批判國民黨政府的恐怖政治，《台灣青年》這本雜誌後來成為在日台獨運動的機關雜誌。

在東京大學取得法學博士學位後，許世楷在一九七五年完成〈台灣共和國憲法草案〉，並且向台灣獨立聯盟總部等世界相關組織發布，一九八八年十二月十日國際人權當天，鄭南榕在其發行的黨外運動雜誌《自由時代周刊》第二五四期上刊登了許世楷的〈台灣共和國憲法草案〉全文，後來即遭國民黨獨裁政府以主張分裂國土為由指控「涉嫌判亂」，最後在憲警圍捕之下自焚身亡。

二〇〇四年到〇八年被陳水扁總統任命為駐日代表的許世楷接受我的訪談時，有以下描述，他說，「在戒嚴時期的黑名單時代，就是這個官廳（指台北駐日經濟文化代表處，之前稱為大使館）拒絕發給我新護照，做夢我也沒想到，現在居然變成這個官廳的最高主管，時代的變遷真的讓人無法相信。」

二〇一二年七月二十三日，許世楷以前台灣駐日代表的身分，在「日本戰略研究論壇」發表演講指出，台灣目前是「事實上的獨立國家」（de facto independent state），為了要成為

「法理上的獨立國家」(de jure independent state),「不脫離虛擬的『中華民國』而成為『新生國家』(newborn state),台灣是辦不到的。」

支持台灣獨立運動的日本人

在日台灣人在八〇年代後期李登輝總統登上台灣權力最高峰之前,在日本推動台獨除了沒有任何支援,還必須冒生命危險。為台灣將來建國,大家拚老命,其中日本友人的從旁協助功勞不可抹滅,在此我必須提到宗像隆幸先生,宗像隆幸是日本人,但是已故在日台獨大老王育德先生為他取了「宋重陽」的台灣姓名。

台灣國際法權威及台獨立運動領袖之一的彭明敏在一九六四年與謝聰敏、魏廷朝共同起草〈台灣運動自救宣言〉遭國民黨政府判刑八年,後來在一九七〇年持一本日本護照順利逃離台灣前往瑞典。這本日本護照即為一生支持台灣獨立運動的宗像隆幸所有,經過改造後給彭明敏讓他順利逃出台灣,宗像隆幸曾經告訴我,他一生從未做過什麼正式的頭路,全部都是花自己的家產,用在支持台灣獨立運動。

除了宗像隆幸，另一位住在東京都的日本人小林正成，曾是台灣獨立建國聯盟的盟員之一，在戒嚴時期，他曾經在台灣散發台獨運動的傳單而遭警察逮捕入獄。即使目前已高齡的宗像隆幸和小林正成等日本友人，一直到現在，只要在東京有獨派人士的集會，或者是有關支持台灣主權的討論會等，都一定到場聲援，像這種為台灣獨立運動而奔波奉獻的日本人其實也不在少數。

李登輝時代的台灣正名運動

在李登輝總統執政之後，與兩蔣時代的最明顯區隔是，他推出台灣和中國是「特殊的國與國的關係」的所謂「兩國論」政策，建立起台灣人對台灣的認同意識（Identity）。李登輝之後的陳水扁又更進一步直接把台中關係視為「台灣和中國，一邊一國」，在兩蔣時代的台灣，當台灣人被問及「自己是什麼人」的時候，大部分的人都配合說自己是「中國人」，這是被迫的，因為國民黨政府不斷洗腦，不斷對台灣人灌輸「台灣人就是中國人」的意識，在兩蔣獨裁時代，不承認自己是「中國人」的台灣人，立即有被貼上「台獨」標籤的危險。

但是在「兩國論」與「一邊一國」之後，二〇一二年政治大學所做的一項有關台灣認同的調查顯示，認為自己是「台灣人」多達五十四%，認為自己是「台灣人也是中國人」為三十九%，認為自己是「中國人」只有四%，台灣內部的台灣意識空前高昂，台灣人對台灣的認同意識雖然還有加強的餘地，但已逐漸成為不可逆的主流價值。特別是在李登輝時代以後出生的台灣人，即使其父母為外省籍，都認為自己是台灣人，也就是所謂的「天然獨」一世代。

日本的台灣「正名運動」

在台灣意識高漲的二〇〇〇年，陳水扁當選台灣總統，在日本開業的台灣人醫師林建良率先在日本推動「台灣正名運動」，主訴求是要求日本政府將「台灣人」和「中國人」分開，由於當時的日本政府仍然把在日台灣人的「外國人登錄證」（現已改為「在留卡」）上的國籍記載寫成「中國」，而造成台灣人不便，甚至被台灣人認為是對台灣人的人權侵害。例如，有一位台灣男性在日本與另外一名台灣女性結婚，這一對新人在日本做結婚登錄

在日台僑的台灣正名運動，要求日本政府將台灣人的證件國籍欄上正名為「台灣」。

時，國籍被寫成「中國」，過去台灣人在日本持有的日本駕照上有「本籍」欄，也是被寫成「中國」，所有政府公文需要寫國籍的欄位，台灣人的國籍通通變成「中國」。

當時擔任「在日台灣同鄉會」會長的林建良醫師首先於二〇〇一年六月在同鄉會內成立「正名運動小組」，同時創立網路新聞「台灣之聲」，運動的主要目標是要求日本正視台灣人不同於中國人的事實。七二年日中建交的共同聲明上，有關中國要求日本承認其「台灣是中國不可分的領土的一部分」的主張一項，對中國此項要求，日本只止於「理解和尊重」，並未加以承認，既然日本不承認台灣屬於中國的一部分，卻又在官方證件上，將台灣人的國籍寫成「中國」，等於強迫台灣人做中國人。

在正名運動展開後，林建良不但以台灣同鄉會會長名義向當時的小泉純一郎首相和森山真弓法務大臣提出抗議書，召開各種研討會，同時每星期展開一次街頭遊行，喚起日本社會各階層人士重視這個問題。林建良進一步在二〇〇二年十二月十五日主導推動成立以日本人為主的「日本李登輝之友會」，作為對日本政府的遊說團體，從日本內部影響日本政府相關部門將台灣人的國籍記載改正為「台灣」。

「在留卡」的國籍與地域欄上由「中國」變成「台灣」

二〇〇九年二月二十日當時日本國會由少壯議員組成的「促進日本台灣經濟文化交流青年議員之會」（目前「日台議連」的前身）認為在日台灣人的國籍問題的確有改正必要，召集法務省、總務省、外務省等，有關台灣人國籍問題的官僚幹部，和時任日本「李登輝之友會」會長的小田村四郎直接協商。

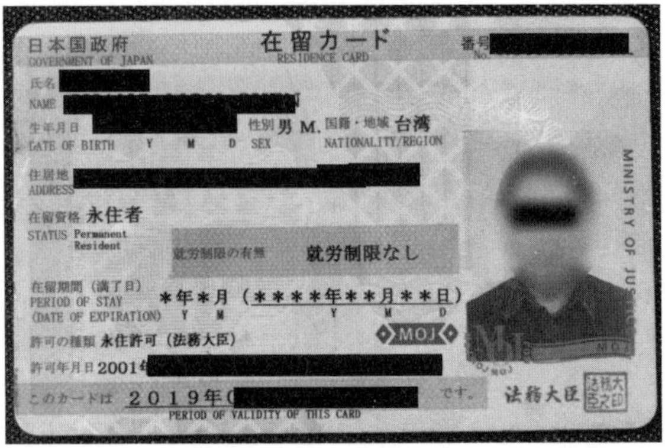

當年的三月六日，日本政府終於向眾議院、參議院提出「出入國以及難民認定法」修正案，首次在日本法律上將台灣人的地位定位為和巴勒斯坦人一樣，同一年的七月四日日本國會正式通過「出入國管理及難民認定法」修正案，將舊法的「國籍」記載改為「國籍・地域」記載，台灣人的國籍從過去在「國籍」欄中的「中國」改成在新的「國籍・地域」欄中的「台灣」。

同年的七月九日日本政府正式發行新型的外國人「在留卡」，取代舊型的「外國人登錄證」，台日斷交後，「台灣」兩個字首次出現在「國籍・地域」欄上，早稻田大學博士班的台灣留學生黃俊揚與僑報《台生報》發行人連根藤，分別拿到第一張與第二張外國人「在留卡」，此一重大突破是在日台灣人共同努力的結果，同時也是在日本國會議員岸信夫、荻生田光一，以及「李登輝之友會」事務局長柚原正敬等人的全面協助才能達成。

在日本長期從事台灣正名運動的林建良醫師在接受我的採訪時表示，日本在這次修法中對於在日台灣人的地位是比照巴勒斯坦的「應該是國家，但還不是國家」的論法。在日本公文書上，台灣人只是在「國籍・地域」欄中被寫成「台灣」，在日本政府內部，台灣還未被認為是「國家」，因此，為了要讓台灣早日被認定為國家，台灣人仍然還要繼續打拚奮鬥。

台灣獨立運動在日本從最早期的廖文毅、史明、王育德、許世楷、黃昭堂、劉明修等人，到目前年輕一代的趙中正、林建良、張伯寅、王明理、黃俊銘、陳憲文等台僑，仍然持續進行，從未間斷，這是一條漫長而且極為艱辛的道路。

台灣幾次獨立的機運

台灣其實錯過很多獨立為正常國家的機運，較早例如八九年六月四日發生天安門事件，全世界都在制裁中國時，就是很好的一個機會。只是當時李登輝總統才剛上任，在蔣經國剛過世，國民黨勢力還強大無比時，沒有任何執政支持基礎的李登輝新總統什麼事情也不能做，更遑論推動獨立建國的工作。

到了近代，好不容易民進黨完全掌握政治層面，但是儘管蔡英文在台灣完全執政，用的人還是國民黨用過的二手貨，兩岸政策也是抄襲國民黨的「維持現狀」，在這種情況下，要求蔡英文總統談台灣獨立根本不切實際。

日本投降時，台灣也有過獨立機會

二〇〇六年八月十五日的日本「終戰日」這一天，我在東京內幸町的日本記者俱樂部和一位研究昭和天皇投降詔書的日本人日比恒明會談，那時我還是《自由時報》的駐日記者。當時他秀出兩份文件，一份是一九四五年八月十五日的朝鮮《京城日報》頭版，另一份是同一年八月十六日台灣《台灣新報》頭版。這兩份七十四年前只差一天的舊報紙是台灣人交給日比恒明的，但是一直沒有人注意到出版日期的不同，在這相差的一天之中，暗藏著無限玄機，日比恒明告訴我，「很可能關係到台灣的命運」。

根據他的說法，日本內閣在一九四五年八月十四日決定，由昭和天皇在第二天的八月

2006年8月15日／星期二 自由時報 政治新聞 A4

回61年前 歷史上的今天 日本投降 台灣可能獨立

扣留天皇詔書 台灣總督圖謀台灣獨立

日本最後一位台灣總督、也是日本第十方面軍（台灣軍）司令官陸軍大將安藤利吉，此人被認為故意扣留昭和天皇的詔書，目的是爭取時間，將台灣的統治權交給台灣獨立運動人士，但最後沒有成功，翌年他以戰犯身分被送到上海審判，審判中服毒自殺身亡，據稱服毒事由與同情台獨有關。
（駐日特派員張茂森翻攝）

天皇投降詔書　一九四五年八月十五日朝鮮的「京城日報」報導昭和天皇的投降「詔書」。
（駐日特派員張茂森翻攝）

台灣仍刊戰況　一九四五年八月十五日的「台灣新報」頭版仍照常報導戰況。
（駐日特派員張茂森翻攝）

隔天才登詔書　一九四五年八月十六日「台灣新報」比日本投降日還晚一天才報導日本昭和天皇的投降「詔書」。
（駐日特派員張茂森翻攝）

二戰結束時，台灣可能已經獨立。

十五日對外發表「詔書」宣布投降，於是當天透過當時日本「同盟通訊社」向朝鮮、台灣與其他所有日本占領下的當地媒體通達，第二天的八月十五日必須刊登昭和天皇的降書。朝鮮的《京城日報》頭版依照指令在八月十五日刊出，但是台灣的《台灣新報》則在過了一天的八月十六日才見報，前一天的報面仍然照常刊登日軍戰況，也沒有看到日軍篤定敗戰的內容。換句話說，日本占領下的台灣人民，在八月十五日當天還不知道昭和天皇已投降，台灣已經回到台灣人手中。這一天到底發生什麼事？當時的《台灣新報》是在什麼理由之下延遲發表昭和天皇的降書？

據日比的說明，他曾經訪問住在沖繩縣宮古島，二〇〇六年已七十九歲的下地惠教，在日軍投降那一年，下地是「同盟通訊社」的職員，配屬在高雄郵局電報課，負責接收國內（日本本國）的無線電信文，四五年八月十四日當夜，另外兩位資深電務員表示，上級指示必須要等候接收「重要的特別新聞」要值夜勤，而讓他（下地惠教）先下班回家，下地的回憶是，後來才知道這項「重要的特別新聞」即為昭和天皇的投降詔書，但是隔天的《台灣新報》並未刊登，通訊社顯然在收到詔書的電函後，沒有對《台灣新報》發稿。

扣留天皇詔書屬於重罪，當時只有一個人有權隱蔽對外發布天皇詔書，此人即為最後的台灣總督兼日本第十方面軍（台灣軍）司令官陸軍大將安藤利吉。

扣留天皇詔書，台灣總督圖謀台灣獨立

當時在台灣知道這項極機密電文內容的人，除了安藤利吉，還有台灣軍參謀長諫山春樹中將，以及當時為台灣軍情報班班長的遠山毅。日比恒明曾出示一封二〇〇三年仍健在的遠山毅寫給他的親筆信函，上面指出「詔書的延後一天發表是總督府的指示」，安藤利

吉為什麼要扣留天皇投降詔書？日比恒明認為只有兩個可能性，一是安藤想爭取時間，在混亂還沒發生前把台灣交給台灣獨立派統治，不希望中國戰區的國民黨軍前來接收，等於是一種的「戰後處理」，另一個可能性就是，安藤利吉有可能企圖與日本本國畫清界線，以自己現有的勢力在台灣建國。

有關安藤和他的部下與台灣獨立派的關係，根據《黃紀男泣血夢迴錄》一書有如此記載：「光復之初……不甘投降而留在台灣的少壯派軍官中宮悟郎等人，暗中策動台灣獨立……」。

為了要證明這項事實，日比恒明也以爪哇的例子指出，當時爪哇和台灣的情形相同，昭和天皇的降書更被扣了三天，八月十五、十六兩天，爪哇的日本軍司令官曾一度拒絕接受投降的現實，積極策劃在當地獨自建國，但是後來不知何故同意由蘇卡諾在八月十七日對外發表獨立宣言，翌日的八月十八日才正式發布天皇詔書全文。

日比恒明表示他曾經向各方面求證，安藤利吉無法將詔書繼續扣留下去，以完成其將台灣交給台灣獨立派的願望，是因為麥克阿瑟掌握戰後處理決定權，指定中國戰區蔣介石率領的軍隊前來接收台灣，待台灣社會穩定，把政權交給台灣人自決後再回中國（與當時的伊拉克相同模式），沒想到中國共產黨在四九年成立中華人民共和國，蔣介石無家可歸只好「乞丐趕廟公」留在台灣，後來韓戰爆發，國民黨軍助美軍一臂之力，才讓蔣介石的國民黨政權「合法」留在台灣。

安藤利吉後來成為戰犯移送到上海，一九四六年四月十九日在上海拘留所服毒自殺，自殺的理由何在，日比恒明根據戰後僅存證人說詞，最大的可能性是，安藤判斷在審判中，對終戰前支援台灣獨立，扣留降文企圖將台灣政權交給獨立派一事勢必受到詢問，為了不連累台灣獨立運動人士而服毒身亡。

日比恒明說，一九四五年八月十五日最後的台灣總督安藤利吉隱蔽昭和天皇的投降詔書，當時如果與爪哇一樣能成功，「說不定台灣早已經獨立了」，不論安藤利吉扣留天皇詔書的真意何在，此為歷史的一頁，儘管事隔四十四年，這個歷史也不容抹殺。

這是我在日本採訪新聞四十年當中，所遇到有關台灣獨立運動史比較印象深刻的採訪，在這裡重新一提的目的是想讓更多的台灣人知道，為了台灣獨立，有不少人入獄，也有不少人遭到處刑，甚至於也有人自戕寶貴生命。台灣一天不成為正常國家，台灣獨立運動就永遠不會停止。

全台連的成立

二〇一七年六月四日，全台連成立大會。

二〇一七年六月四日，大約十九個具有台灣意識、主要在日台灣人僑社所連合組成的「全日本台灣連合會」（簡稱「全台連」，英譯All Japan Taiwanese Union，縮寫為AJTU），在東京帝國飯店舉行盛大的成立大會。這是戰後七十餘年在日台灣人僑社的最大改革，蔡英文總統也拍發賀電，期待「全台連」發揮組織功能，匯集僑界資源力量，深化民間交流，為敦睦台日兩國邦誼貢獻心力，駐日代表謝長廷也在成立大會中表示，「全台連」的成立，代表在日台灣人的大團結，將成為日台之間的重要民間聯絡管道。

中國國民黨被中國共產黨打敗逃到台灣後，把在海外的台灣人和中國人都稱為「華僑」，直到李登輝總統掌握政權，台灣意識高升，在海外的台灣人開始覺得自己根本不是中國人，而是台灣人，被稱為「華僑」有點怪，因此開始認為自己是台灣人，所以是「台僑」，而不是自稱中國人的「華僑」，特別是陳水扁當政後，「台僑」和「華僑」的區別越來越清楚，僑團名稱出現歧異，鬧雙胞的不在少數。例如一樣是台灣同鄉會，在日本就有兩個，一個是「在日台灣同鄉會」，一個是「留日台灣同鄉會」，其他還有不少差別只有一個字的雙胞案。簡單說，相同名稱，有「在日」起頭的，可以解讀為是親台灣派，也就是較為支持台獨，而有「留日」的是傾向於中國派的「統派」。

全台連是在日台灣僑社的「肉粽頭」

在日本的「華僑」團體，長久以來有一個「中華聯合總會」的組織，類似於各地方台灣人社團的連合會，只有主張台灣本位的台灣人僑社各搞各的，沒有一個連合會作為「肉粽頭」，於是「全日本台灣連合會」應運而生。長年在日本拚台獨的在日台灣人實業家趙中正、醫師黃俊銘、陳憲文、陳建龍、王紹英、台獨聯盟日本本部長王明理等人的籌畫下，終於成立「全日本台灣連合會」，主要的團體有，在日台灣同鄉會、在日台灣醫師連合會、在日台灣婦女會、台獨聯盟日本本部、日本台醫人協會、日本台灣語言文化協會、怡友會、台灣之聲、美麗島交流會、日本基督教團東京台灣教會、栃木台灣總會、九州台日文化交流會、日台商務促進會、山梨台灣人分會、池袋台灣教會、新世代日台交流會。

為什麼選在六月四日這天成立，會長趙中正的說法是，這天是天安門事件紀念日，也是象徵台灣人大團結的日子。

在中國鎮壓下，很多追求民主自由的中國年輕人在六四喪命，全台連選在這天成立，是想讓在日台灣人能團結一致，共同保護台灣的民主自由，千萬不能讓台灣落入中國統治，「對台灣祖國能貢獻什麼」？「對台日

日媒稱「全日本台灣連合會」是全球最大的台灣人社團組織。

民間交流可以使出多少力量」?也是今後「全台連」所要思考的課題。

全台連在日本成立，不但是在日台灣人團結的象徵，對全球台灣人僑團也有示範作用，這項消息，事先在五月二十九日就被日本《產經新聞》旗下英文媒體「JAPAN Forward」在頭版以「We' re Not Chinese」為題的報導中形容為「全球最大的台僑組織將在日本成立」(World' s Biggest Overseas Taiwanese Organization To Form in Japan)。

做「台光」的事，卻拿「華光」獎章

全台連成立這天，主管海外僑務的僑務委員會主委吳新興也親自到場，當天吳新興也搭順風車，在同一個場合為在日本拚命推動「台灣正名」運動的林建良醫師頒發「華光」獎章，以表揚他推動「台灣正名」運動上的功勞。

林建良醫師在日本推動「台灣正名」運動有成，但是吳新興主委居然頒給他二等「華光」獎章，這對林建良來說很尷尬，說準一點是有點失禮。因為對在日共同推動台灣正名的獨派人士而言，林建良做的是「台灣」之光，而不是「中華」之光，如想表揚，就應該

前在日台灣同鄉會會長林建良醫師在日本從事台灣正名運動有成，堪稱「台灣」之光，而僑委會竟然頒發二等「華光」獎章，讓林建良哭笑不得。

給他「台光」獎章，如害怕頒「台光」獎章會被中國點名，至少也要頒一個中性的「國光」獎章給林建良。變更國號或領土的難度是會卡到憲法，可是把獎章的名字從「華光」改成「台光」或「國光」，政府可以很快解決，不僅無關憲法，更無須害怕老共動怒，只是一個想做或不想做的問題而已，後來林建良雖也接受，但只能苦笑做樂。

針對這件事，當天我立即對吳新興主委反應，他的回答是，「慢慢來，慢慢來，不要急」，可是小英的第一任總統就快要結束，卻什麼都沒改變，仍然是「維持」國民黨執政時的「現狀」，在海外的台灣人認為自己是「Overseas Taiwanese」，最忌諱被歸類為「Overseas Chinese」，同時也覺得台灣就是台灣，而不是「中華」，林建良做「台光」的事，卻拿到「華光」獎章，我猜他一定超級不爽。

中國人勇敢打倒腐敗滿清值得敬佩，「但與台灣無關」

當年十月駐日代表處在東京舉行的雙十國慶酒會，新成立的全台連會長趙中正也拿到「入場券」，能和長久以來一直在雙十國慶酒會「唯一」代表東京地區僑團的「中華聯合總會」會長一樣上台致詞，這也是另類「台灣之光」。其實過去日本的台獨人士是不參加「中華民國」國慶酒會的，因此在那一年的酒會中，全台連的十九個在日台僑團體發表聯合聲明指出，十月十日雙十節是紀念一九一一年十月十日武昌起義中，勇敢的中國人推翻滿清，建立了自己新國家的光輝日子，「這種偉大的行動值得台灣人學習」，但是，「與台灣完全無關」，同時「也不是台灣歷史的一部分」。

全台連認為，本土派的當權者和支持者，必須思考「中華民國」國慶日對台灣人民的意義，所謂的「雙十國慶節」是台灣人民的苦痛，而不是台灣人民應該祝賀的日子，在日台灣同鄉會會長王紹英甚至強調，大部分海外台灣人對蔡英文的唯一期待是，早日能讓台灣人慶祝「台灣國慶節」，而不是每年慶祝「和台灣人無關的雙十節」。

不論台灣獨立的這條道路如何艱辛，只要依照長久以來的理念一棒一棒地接下去，目的一定會達到，這是所有在日台獨運動者的信念。

後記

中學三年級時，我就非常喜歡寫一點散文、現代詩之類的，有時試著向報紙副刊投稿，居然也被採用，寫作興致大大提高，那時就開始成為記者的念頭，大學也真的考上新聞科系，就這樣在新聞界潦下去，幹一輩子的記者。

日本記者朋友告訴我，新聞記者和Homeless只要做了三天就會上癮，再也停不下來。記者拿報社薪水，只要一支筆就可以罵東罵西，沒有比這個更好的工作，而Homeless不必工作，每天只要到超商排隊，就可以分到賞味時間快到期的飯盒或麵包，因為過期的飯盒只能丟掉不能再賣。這當然只是開玩笑，不過我是真的是做記者做上癮，但絕不是因為可以罵東罵西，而是至少可以替社會主持一點正義而上癮。

二〇一七年年底離開《自由時報》後，本想終於有時間可以到世界各國旅行，可是怎麼樣也戒不掉「記者癮」，接著又到民視新聞部，繼續在日本「重操舊業」，這樣才不會覺得自己已開始等著「移民」到另外一個「世界」。

這本書在兩年前離開《自由時報》後就一直想寫，沒想到又轉到民視，今年是我到日本滿四十年，又是日本改元進入「令和」元年，在時間點上正好有一個段落，所以下定決心完成，中文版和日文版同時動手，等於同時在寫兩本書。上半年都用在找相關資料和照片，六月才真正開始動手，到了八月快馬加鞭，好像是飛機起飛，開始慢慢在跑道滑行，快到跑道盡頭一舉加速衝向天空。

九五年春天我也曾用日文出版《台灣的戰略》一書，但畢竟我不是日本人，有很多自己認為通順的語句，正牌日本人可能認為不妥當，由於這本書另外改了一些適合日本讀者的內容，今年底同時在日本出版日文版，所以日文版全書內容請日本好友西江智彥先生，從頭到尾全部看過，修正不當的辭句和語法，在此特別對西江先生表示最大的感謝。

產經新聞外信部次長矢板明夫先生，除了義務幫我接洽願意出版這本書的出版社並作序，也幫我思考內容應該加些什麼東西比較好等等。前「在日台灣同鄉會」會長林建良先生和平成國際大學教授淺野和生兩人，也提供很多寶貴資料，因為有這些朋友的協助，才有這本書的出版，在此一併致謝。

台灣的友人前衛出版社社長林文欽是這本書的「助產士」，沒有文欽兄，這本書恐怕要「難產」，所以在此表示最大謝意。

台灣四百年的歷史中，實際上就是一部苦難而悲慘的歷史，九〇年代李登輝總統好不容易讓台灣成為民主自由的國家，還是得面對台灣海峽對岸中共政權的武力威脅，而且威脅的力道越來越強，方法也越來越多，用暴力也用金錢滲透到台灣社會的各個角落。不少日本和台灣的年輕人卻對中國在南海、東海的霸權擴張沒什麼感覺，台灣的危機就是日本的危機，萬一台灣被中國併吞，中國的下一個標的就是沖繩。

台灣政府內部因為對自己國家的正名非常消極，國人對國家的認同也缺少堅定意志，國際社會對台灣的支持也跟著消極，自己不強調自己是台灣，而要國際社會支持台灣，沒有這種邏輯。外交工作也需互惠互助，要日本支持台灣加入APTPP、和台灣展開FTA交涉，但是在對日本福島等五縣食品，既使用科學方法也檢不出有害物質，又照樣禁止，這個道理說得通嗎？據我的了解，日本國會的「日台議連」曾想要積極討論制定〈日台交流基本法〉的可行性，但只要一有人提出福島食品問題，就會讓這個想法停在一邊。

書寫到最後，又讓我想起不吐不快的兩件事，首先是，今年四月一日日本內閣官房長官菅義偉正式宣布新的年號是「令和」，這個新年號是引用自日本現存最古老的詩歌集《萬葉集》第五卷中詠嘆梅花的第三十二首並序：「初春『令』月、氣淑風『和』、梅披鏡前之粉、蘭薰珮後之香」。日本首次引用日本《萬葉集》，代表日本的「自立」，不必再像過去一樣，每逢改元就必須引用中國古代經典作為年號，可是沒想到會讓中國不開心，例如中國官媒「環球網」居然硬扯日本的「令和」新年號「無法抹去中國痕跡」，《環球時報》甚至說「令和」這個年號「表為日本心，實為大漢魂」，還大嗆日本：「十萬年無法脫中，除非廢除漢字」，更有自卑心大發的中國民眾說，日本的這個新年號是抄襲東漢張衡的〈歸田賦〉，「環球網」與《環球時報》，加上自卑心發作的中國人心態，大有「日本是中國的屬國」的架勢，對此，日本網民則回嗆：「中國最好也在習皇新時代取個『近平』元年」。

另一件事就是，台灣社會存在許多無法理解的現象，例如對選舉狂熱所造成的社會混亂，以及政府首長過年帶頭送紅包的陋習等等。

台灣人喜歡選舉恐怕是世界獨一無二，平均每兩年就有一次大型選舉，投票率都在六成以上，曾經目睹過台灣選舉活動的日本朋友問，「為什麼台灣人對選舉那麼狂熱？」我的回答是台灣的隔壁有一個超級流氓，隨時都有吞沒台灣的危險，台灣內部也有吃裡扒外的抓耙仔，所以大家都非常關心是誰來主持我們的政治，對選舉當然狂熱，而日本就沒有這種顧慮，什麼人當選都不必擔心會有人把日本賣掉。

台灣人對選舉的狂熱度勝過日本的夏日祭典。全世界無法想像的事情，在台灣都可能發生，在每一次選舉中，社會中發生的現象好像世界奇觀，例如去年十一月的地方選舉才剛結束，整個台灣從南到北就開始在談明年的總統選舉，所有的電視新聞節目幾乎都是為選舉而存在。我其實很懷疑台灣有所謂的選舉罷免法，如果有，我也懷疑那是假的，台灣所有想要參選的人根本不會理會自己的行為早已違反什麼選舉法。

二〇一四年安倍內閣的女性法務大臣松島綠，在其東京都第十四選區荒川區的夏季祭典，贈送參加者印有自己頭像的扇子，遭反對黨在國會質詢，指這相當贈送貴重物品。其實那是日本夏季祭典時人手一把的紙扇，一把價錢不到日幣十圓，但是這已違反公職選舉法，松島綠就這樣在當年十月丟掉法相的烏紗帽，相同事情如果發生在台灣，官員因此辭職，那簡直會讓人笑掉大牙！

這種事不要說辭官，連把它當一回事的人也會被笑掉大牙，因為不論是政治家或民意代表，或是只在考慮要不要參選的人，隨時

都可以在大樓外牆、空地高高掛上巨大無比的人像廣告板。還能印上「唯一支持某某某」，或者是「某某黨鞠躬」等強烈政治宣傳文字，候選人或政治家到處贈送印有「某某某鞠躬」等超級討人厭文字的領帶、名片夾等，這些東西在日本通通會被認定為「以貴重物品收買」的罪名。例如若有議員在選區參加大型聚會，在現場吃了一個一千圓的便當，如果只付便當等值的一千圓，那就沒問題，萬一為了向自己的選民表示謝意，付了五千圓，那就等著檢察官來起訴好了。

每一次我在電視上看到台灣政府官員，從總統以下，不論是副總統、行政院長，還有幾乎所有的縣市長，每逢過年都在發「紅包」，就會連想到這是變相向人民暗示「有送紅色的才是好人、才是最親切的人」。雖然紅包裡只有一個十元硬幣，但是在法律上，不能因為數字少就可以原諒，問題在於送紅包的「行為」。一般人過年在家裡送紅包給長輩或小孩，這是個人的事，當然沒問題，可是政府官員的這種公開行為不但難看，嚴格說來也是在鼓勵大家送紅包，不管十元或十億元，紅包就是紅包，這種農業時代的陋習一天不除，台灣的賄賂紅包文化就永遠存在。

以我在日本四十年的經驗，所有想要參選的人，在選舉正式公告之前，任何張貼政治活動的海報或懸掛人像招牌，以及贈送物品等行為，完全在法律禁止之列。選舉公告前，在街上出現政治廣告圖像，都是違反公職選罷法，在選舉活動期間，也不允許媒體在報導畫面上讓特定候選人的臉部曝光，否則就是「不公平選舉」，如果以這種標準，台灣至少有幾千人可能要抓起來判刑坐牢，台灣人一定會說日本的選舉不好玩，但日本是法治國家當然是要用法律治國。

台灣一直強調是法治國家，那就應該要有遵法精神，但是從距離總統大選一年前，全台都在談總統和立法委員選舉，有些想要選舉的人就已經開始在電視上廣告，進入實質選舉活動，有無選罷法沒什麼不一樣，這種違法亂紀卻沒人受到法律制裁的現象，也是台灣的另類危機。

他山之石可以攻錯，希望這本書可以讓台灣政府在各方面有所借鏡，也希望有更多的日本朋友，更進一步清楚了解中國企圖用暴力併吞台灣的實態，並且理解台灣對日本的友善，同時日本對台灣的友好和期待也不能被台灣抹滅，只有台日兩國進一步合緊密合作，才能阻擋中國的步步進逼，保住台灣就是保住日本，台日之間的「命運共同體」關係不就是如此嗎？

附錄．〈日台交流基本法〉中文版

日本及台灣互相交流的基本相關法律（簡稱：日台交流基本法）案

【目的】

第一條　此法律為實現亞洲太平洋地區的安定及繁榮，日本及日本人、台灣及台灣人之間的通商、貿易、文化、安全及促進其他交流之發展為其目的。

【基本理念】

第二條

①維持並促進日本及日本人與台灣及台灣人更加廣泛、密切之經濟、文化及其他關係之發展。

②在亞洲太平洋地域和平與安全的基礎上實行日本的外交是日本在政治、安全及經濟上的利益，對國際社會也具意義。

【法律上的權利及保障】

第三條　在不違反公共福祉的前提下，保障台灣人在我國依法取得或將來取得的權益。

【共有情報】

第四條　為實現亞洲太平洋地域的安定與繁榮，有必要時日本政府可向台灣政府提供必要的情報。

【相互交流之相關事項】

第五條　日本與台灣，有關日本人及台灣人身體、生命及財產保護之相關事項、台灣人及居留於台灣的第三國國民入境日本之相關事項、日本與台灣間經濟、貿易、觀光等相關事項，與台灣間學術、文化、體育交流之事項依照財團法人交流協會及亞東協會簽署之協議（一九七二年十二月二十六日署名）處理。

【台灣方面機關】

第六條

①依台灣日本關係協會及其職員的申請，日本政府可賦予台灣日本關係 協會法人資格及其職員準外交官之身份及其豁免權。

②前項之措施若有其需要，日本可修法處理。

第七條　此法律之「台灣日本關係協會」為，由台灣所設立具處理日本及台灣相互交流事務權限、稱為「台灣日本關係協會」之機構。

國家圖書館出版品預行編目資料

採訪者之眼：目擊台日近代關係史 / 張茂森著. -- 初版.
-- 台北市：前衛, 2019.12
面；15×21公分

ISBN 978-957-801-897-6（平裝）

1. 台日關係

578.3331 108020511

採訪者之眼：

目擊台日近代關係史

作　　者　張茂森

執行編輯　楊佩穎
封面設計　沈佳德
電腦排版　宸遠彩藝

出 版 者　前衛出版社
10468 台北市中山區農安街153號4樓之3
電話：02-25865708 | 傳眞：02-25863758
郵撥帳號：05625551
購書・業務信箱：a4791@ms15.hinet.net
投稿・代理信箱：avanguardbook@gmail.com

出版總監　林文欽
法律顧問　南國春秋法律事務所
總 經 銷　紅螞蟻圖書有限公司
11494 台北市內湖區舊宗路二段121巷19號
電話：02-27953656 | 傳眞：02-27954100

出版日期　2019年12月初版一刷
定　　價　新台幣300元

Printed in Taiwan　ISBN 978-957-801-897-6